ZHIXIAOJIJINZHICHUANXIAO
FALÜSHOUCE

直销及禁止传销

法律手册

中国法制出版社
CHINA LEGAL PUBLISHING HOUSE

目　录

第一部分　规范直销问答

第二部分　禁止传销问答

第三部分　关联法规

第一部分　规范直销问答

1　《直销管理条例》的重大意义是什么？

答：2005年8月23日，《直销管理条例》由中华人民共和国国务院令第443号公布，2017年3月15日，国务院令第676号对其进行了第一次修订。《直销管理条例》的重大意义是正确引导和规范我国直销业发展的需要。直销是众多现代经销模式中的一种，这种经销模式可以有效地降低企业的运营成本，对促进市场经济条件下商品流通的发展有着积极作用。但是，由于这种经销模式在交易过程中存在很大程度的信息不对称性，直销人员也具有分散性的特点，所以，极容易引发一些不规范，甚至是违法行为的发生，进而损害广大消费者和直销从业人员的切身利益。加之公众对直销的认识也还存在着一定程度的偏差，区别合法直销和非法传销的能力相对薄弱。因此，《直销管理条例》能够使消费者的权益得到充分保障，对直销业正确引导、趋利避害、稳步开放、规范发展，是十分必要的。

2 《直销管理条例》的立法宗旨是什么？

答：根据《直销管理条例》第 1 条的规定，其立法宗旨为规范直销行为，加强对直销活动的监管，防止欺诈以及保护消费者的合法权益和社会公共利益。

3 如何认定《直销管理条例》的适用范围？

答：根据《直销管理条例》第 2 条第 1 款的规定，在中华人民共和国境内从事直销活动，应当遵守本条例。

4 直销产品的范围如何确定？

答：根据《直销管理条例》第 2 条第 2 款的规定，直销产品的范围由国务院商务主管部门会同国务院工商行政管理部门根据直销业的发展状况和消费者的需求确定、公布。2016 年 3 月 17 日，商务部、工商总局发布了关于直销产品范围的公告，对直销产品范围进行了调整。目前直销产品的范围包括：化妆品、保洁用品（个人卫生用品及生活用清洁用品）、保健食品、保健器材、小型厨具、家用电器。

直销产品应当根据法律法规规定，符合行政许可、强制性认证、强制性标准要求。商务部和国家工商行政管理总局将根据直销业发展状况和消费者的需求适时调整直销产品的范围。

5 什么是直销？

答：根据《直销管理条例》第 3 条第 1 款的规定，直销是指直销企业招募直销员，由直销员在固定营业场所之外直接向最终消费者推销产品的经销方式。

直销模式从进入中国市场就迎来快速发展步伐，成长迅速，尤其是政府通过政策引导，促使直销行业朝着稳健良性的方向前进。国家始终严厉取缔和打击非法传销，避免扰乱市场秩序；另一方面，通过对直销的正面宣传和知识普及，社会对直销的认可度也获得了空前的提升，这大大调动了直销人员从事直销的积极性。

6 开放直销业是否也意味着允许传销？

答：直销业开放并不意味着允许传销。国务院于 2005 年 8 月 23 日颁布了《禁止传销条例》，其目的就是在开放并规范直销的同时，一如既往地严厉打击传销。根据《直销管理条例》规定，直销企业支付给直销员的报酬只能按照直销员本人直接向最终消费者销售产品的收入计算（实际上禁止了团队计酬），并对提取报酬的比例作了严格的限制。这就从计酬制度上对直销和传销作了区分。凡是符合本条例规定的直销经营都是合法的，将受到法律的保护；传销则是非法的，有关部门将按照《禁止传销条例》的有关规定，对这种非法行为进行坚决的打击。

7 我国目前立法对直销经营模式是如何规定的？

答：大多数开放直销业的国家都既允许从事单层次直销，也允许从事多层次直销。考虑到目前我国市场发育还不够完善，监管手段也较为落后，群众消费心理尚不成熟，多层次直销经营容易演变为“金字塔诈骗”和“老鼠会”，有可能使直销业的发展重蹈1998年以前传销的覆辙，因此，我国没有开放多层次直销，并且在《禁止传销条例》中也作了禁止性的规定。从《直销管理条例》的规定来看，我国目前立法选择了单层次的直销经营模式。

8 我国为什么对直销活动实行从严监管?

答: 由于我国的直销方式，是由企业招募并培训的直销员个人在企业固定场所之外推销产品，而直销员的推销报酬，又是企业根据其推销的产品数量为计算依据的，因此，直销员有可能在没有企业监督或者其他监管者监督的情况下，为了获得更多的报酬，而采取商业欺诈手段，来更多地向消费者推销其产品；企业也容易为了私利，而鼓励其直销员使用不正当手段推销其产品，自己从中获取暴利而不承担今后服务的责任。另外，直销经营如果不加以规范，容易演变成传销活动。正因为如此，我国一直以来对直销活动都是实行从严监管的。

9 什么是直销企业?

答: 根据《直销管理条例》第 3 条第 2 款的规定，直销企业是指依照《直销管理条例》规定经批准采取直销方式销售产品的企业。

10 什么是直销员?

答: 根据《直销管理条例》第 3 条第 3 款的规定，

直销员是指在固定营业场所之外将产品直接推销给消费者的人员。

11 直销员有哪些权利?

答: 依据《直销管理条例》的规定，直销企业的直销员，享有与直销企业签订推销合同或撤销推销合同，接受直销企业培训，在一个分支机构所在的省、自治区、直辖市内已设立服务网点的地区开展直销活动和从中获得报酬，按照规定进行退货和换货，依法申请使用保证金等权利。直销员在固定场所之外直接向最终消费者依法销货的行为不被视为无照经营违法行为。

12 哪类企业可以申请成为直销企业?

答: 根据《直销管理条例》第 4 条第 1 款的规定，在中华人民共和国境内设立的企业，可以依照条例规定申请成为以直销方式销售本企业生产的产品以及其母公司、控股公司生产产品的直销企业。

13 依照《直销管理条例》的规定，直销企业可以取得哪些权利?

答: 根据《直销管理条例》第 4 条第 2 款的规定，

直销企业可以依法取得贸易权和分销权。

14 直销企业和直销员不得有哪些行为？

答：根据《直销管理条例》第5条的规定，直销企业及其直销员从事直销活动，不得有欺骗、误导等宣传和推销行为。

具体地说，直销员不得以任何方式歪曲自己产品的价格、规格、品质、性能、等级、成分、款式、型号、产地或供应情况等资料，以不实情况欺骗消费者；直销员应如实地向顾客介绍产品的质量和功能，不得对产品做引人误解的虚假宣传，诱导顾客不冷静地购买产品。

15 由谁对直销企业和直销员及其直销活动实施监督管理？

答：根据《直销管理条例》第6条的规定，国务院商务主管部门和工商行政管理部门依照其职责分工和本条例规定，负责对直销企业和直销员及其直销活动实施监督管理。

16 申请成为直销企业，应当具备哪些条件？

答：根据《直销管理条例》第 7 条的规定，申请成为直销企业，应当具备下列条件：

（一）投资者具有良好的商业信誉，在提出申请前连续 5 年没有重大违法经营记录；外国投资者还应当有 3 年以上在中国境外从事直销活动的经验；

（二）实缴注册资本不低于人民币 8000 万元；

（三）依照本条例规定在指定银行足额缴纳了保证金；

（四）依照规定建立了信息报备和披露制度。

17 申请成为直销企业应当提交哪些申请文件？

答：根据《直销管理条例》第 8 条的规定，申请成为直销企业应当填写申请表，并提交下列申请文件、资料：

（一）符合本条例第七条规定条件的证明材料；

（二）企业章程，属于中外合资、合作企业的，还应当提供合资或者合作企业合同；

（三）市场计划报告书，包括依照本条例第十条规定拟定的经当地县级以上人民政府认可的从事直销活动地区的服务网点方案；

（四）符合国家标准的产品说明；

（五）拟与直销员签订的推销合同样本；

（六）会计师事务所出具的验资报告；

（七）企业与指定银行达成的同意依照本条例规定使用保证金的协议。

18 申请设立直销企业，申请人应当向什么部门提出申请?

答：根据《直销管理条例》第 9 条的规定，申请人申请设立直销企业，应当通过所在地省、自治区、直辖市商务主管部门向国务院商务主管部门提出申请。

19 地方商务主管部门应当如何处理申请人提交的申请文件?

答：根据《直销管理条例》第 9 条的规定，省、自治区、直辖市商务主管部门应当自收到申请文件、资料之日起 7 日内，将申请文件、资料报送国务院商务主管部门。

20 国务院商务主管部门应当如何处理申请人提交的申请文件?

答: 根据《直销管理条例》第 9 条的规定，国务院商务主管部门应当自收到全部申请文件、资料之日起 90 日内，经征求国务院工商行政管理部门的意见，作出批准或者不予批准的决定。予以批准的，由国务院商务主管部门颁发直销经营许可证。

21 申请人取得直销经营许可后，如何办理变更登记?

答: 根据《直销管理条例》第 9 条第 2 款的规定，申请人持国务院商务主管部门颁发的直销经营许可证，依法向工商行政管理部门申请变更登记。

22 国务院商务主管部门审查颁发直销经营许可证，应当考虑哪些因素?

答: 根据《直销管理条例》第 9 条第 3 款的规定，国务院商务主管部门审查颁发直销经营许可证，应当考虑国家安全、社会公共利益和直销业发展状况等因素。

23 直销企业从事直销活动，是否必须设立分支机构?

答: 根据《直销管理条例》第 10 条第 1 款的规定，直销企业从事直销活动，必须在拟从事直销活动的省、自治区、直辖市设立负责该行政区域内直销业务的分支机构。

24 直销企业是否应当建立服务网点?

答: 根据《直销管理条例》第 10 条第 2 款的规定，直销企业在其从事直销活动的地区应当建立便于满足最终消费者、直销员了解商品性能、产品价格、退换货及企业依法提供其他服务的服务网点。服务网点不得设在居民住宅、学校、医院、部队、政府机关等场所。服务网点的设立应当符合当地县级以上人民政府的要求。

25 直销企业应当如何申请设立分支机构?

答: 根据《直销管理条例》第 10 条第 3 款的规定，直销企业申请设立分支机构，应当提供符合前款规定条件的证明文件和资料，并应当依照本条例第 9 条第 1 款规定的程序提出申请。获得批准后，依法向工商行政管理部门办理登记。

分支机构获得批准的，直销企业应当自收到批准决定之日起 7 个工作日内，按照《直销企业信息报备、披露管理办法》规定，将分支机构基本信息（营业执照信息、联系方式等）通过商务部直销行业管理信息系统向商务部报备，并通过企业信息披露网站向社会公布。分支机构基本信息发生变更的，直销企业应当自变更之日起 7 个工作日内向商务部报备、向社会公布。

除商务部批准的分支机构外，直销企业可以在同一个省、自治区、直辖市设立多个分支机构开展直销业务，但应由经商务部批准的分支机构负责管理。省级商务主管部门应当依法加强对直销企业分支机构从事直销活动的管理。

26 直销企业发生重大变更的，应当如何履行报批手续？

答：根据《直销管理条例》第 11 条的规定，直销企业有关本条例第 8 条第 1 项、第 2 项、第 3 项、第 5 项、第 6 项、第 7 项所列内容发生重大变更的，应当依照本条例第 9 条第 1 款规定的程序报国务院商务主管部门批准。此为 2017 年新修订的内容。

27 国务院商务主管部门应当如何公示直销企业及其分支机构？

答： 根据《直销管理条例》第12条的规定，国务院商务主管部门应当将直销企业及其分支机构的名单在政府网站上公布，并及时进行更新。

28 哪些单位可以招募直销员？

答： 根据《直销管理条例》第13条第1款的规定，直销企业及其分支机构可以招募直销员。直销企业及其分支机构以外的任何单位和个人不得招募直销员。

29 直销员的合法推销活动属于无照经营吗？

答： 根据《直销管理条例》第13条第2款的规定，直销员的合法推销活动不以无照经营查处。

30 直销企业及其分支机构招募直销员时，不得做出哪些行为？

答： 根据《直销管理条例》第14条的规定，直销企业及其分支机构不得发布宣传直销员销售报酬的广告，不得以缴纳费用或者购买商品作为成为直销员的条件。

直销经营只是众多销售模式的一种，直销企业付给直销员的报酬比例有严格限制，直销员不可能短期迅速暴富，为防止在直销活动宣传中产生欺骗、误导行为，直销企业及其分支机构不得发布宣传直销员销售报酬的广告。同时，通过收取入门费或以认购商品变相收取费用、发展人员是传销、非法集资等违法犯罪活动惯用的手段之一，因此，直销企业也不得以缴纳费用或者购买商品作为成为直销员的条件。

31 直销企业及其分支机构不得招募哪些人员为直销员？

答：根据《直销管理条例》第15条的规定，直销企业及其分支机构不得招募下列人员为直销员：

（一）未满18周岁的人员；

（二）无民事行为能力或者限制民事行为能力的人员；

（三）全日制在校学生；

（四）教师、医务人员、公务员和现役军人；

（五）直销企业的正式员工；

（六）境外人员；

（七）法律、行政法规规定不得从事兼职的人员。

32 直销企业及其分支机构招募直销员是否必须与其签订推销合同？

答：根据《直销管理条例》第16条的规定，直销企业及其分支机构招募直销员应当与其签订推销合同。未与直销企业或者其分支机构签订推销合同的人员，不得以任何方式从事直销活动。

33 为什么要求直销企业必须与直销员签订合同？

答：要求直销企业必须与直销员签订推销合同，主要是基于以下考虑：

（一）明确双方的权利义务，可以保护双方，特别是直销员的合法权益；

（二）明确直销员与直销企业的关系，确定直销员的合法地位；

（三）便于相关部门实施监督管理；

（四）便于群众区别合法直销与非法传销。

34 直销员开展直销活动是否有区域限制？

答：根据《直销管理条例》第16条的规定，直销企业及其分支机构应当保证直销员只在其一个分支机构所在的省、自治区、直辖市行政区域内已设立服务网点的地区开展直销活动。

35 直销员在什么期限内可以随时解除推销合同？

答：根据《直销管理条例》第 17 条的规定，直销员自签订推销合同之日起 60 日内可以随时解除推销合同。

36 直销员解除推销合同时应当如何履行通知义务？

答：根据《直销管理条例》第 17 条的规定，自签订推销合同 60 日后，直销员解除推销合同应当提前 15 日通知直销企业。

37 直销企业颁发直销员证是否必须进行培训和考试？

答：根据《直销管理条例》第 18 条第 1 款的规定，直销企业应当对拟招募的直销员进行业务培训和考试，考试合格后由直销企业颁发直销员证。未取得直销员证，任何人不得从事直销活动。

根据《直销员业务培训管理办法》的规定，直销培训，是指直销企业对本企业拟招募的直销员和本企业的直销员进行国家相关法律法规规章、直销基础知识等各种培训活动，内容以《直销管理条例》、《禁止传销条例》、《合同法》、《消费者权益保护法》、《产品质量法》、《反不正当竞争法》等法律法规中的相关内容、直销员道德规范、直销风险揭示以及营销方面的知识为主。直销员考试是指直销企业对本企业拟招募的直销员的考试。

经过培训和考试后，直销企业向符合《直销管理条例》规定条件的直销员、直销培训员颁发《直销员证》、《直销培训员证》。

38 直销企业进行直销员业务培训和考试，能否收取费用？

答：根据《直销管理条例》第 18 条第 2 款的规定，直销企业进行直销员业务培训和考试，不得收取任何费用。

39 直销企业以外的单位和个人，能否组织直销员业务培训？

答：根据《直销管理条例》第 18 条第 3 款的规定，直销企业以外的单位和个人，不得以任何名义组织直销员业务培训。

40 对直销员进行业务培训的授课人员应当符合哪些条件?

答: 根据《直销管理条例》第 19 条第 1 款的规定,对直销员进行业务培训的授课人员应当是直销企业的正式员工,并符合下列条件:

(一) 在本企业工作 1 年以上;

(二) 具有高等教育本科以上学历和相关的法律、市场营销专业知识;

(三) 无因故意犯罪受刑事处罚的记录;

(四) 无重大违法经营记录。

41 直销培训员进行直销培训需要哪些条件?在哪里可以查到直销培训员名单?

答: 直销培训员开展直销培训需要具备以下条件:

(一) 获得直销企业颁发的直销培训员证;

(二) 直销企业已将取得直销培训员证的人员名单报国务院商务主管部门备案;

(三) 国务院商务主管部门在政府网站上公布了直销培训员名单;

(三) 直销企业在本公司网站公布了直销培训员名单;

（四）直销培训员只能根据本直销企业的安排从事培训，自己不得私自组织培训，也无权在其他直销企业进行直销培训。

直销培训员名单可以通过国务院工商行政管理部门、国务院商务主管部门网站或者直销培训员所属直销企业网站查询。

42 直销企业是否必须对授课人员颁发直销培训员证？

答：根据《直销管理条例》第 19 条第 2 款的规定，直销企业应当向符合规定的授课人员颁发直销培训员证，并将取得直销培训员证的人员名单报国务院商务主管部门备案。

根据《商务部关于直销产品和直销培训员备案管理有关事项的通知》的规定，在直销培训员开展培训前，通过商务部直销行业管理信息系统（以下简称信息系统）报备直销培训员信息，并将《直销培训员备案表》等书面材料加盖公司印章后，向直销企业注册地省、自治区、直辖市、计划单列市及新疆生产建设兵团商务主管部门（以下简称省级商务主管部门）备案。直销培训员直销的，直销企业应当提前或在相关情形发生之日起 10 日内通过信息系统报备，并向省级商务主管部门报送书面备案材料。直销企业应当将报备直销培训员的相关材料、证明文件存档备查。

43 国务院商务主管部门应当如何公示取得直销培训员证的人员？

答：根据《直销管理条例》第 19 条第 2 款的规定，国务院商务主管部门应当将取得直销培训员证的人员名单，在政府网站上公布。

省级商务主管部门应建立抽查制度，对直销企业报备的直销培训员情况开展随机抽查。信息系统公布的直销企业报备信息接受社会公众监督。

44 境外人员能否从事直销员业务培训？

答：根据《直销管理条例》第 19 条第 3 款的规定，境外人员不得从事直销员业务培训。

45 直销企业应当依照什么式样印制直销员证和直销培训员证？

答：根据《直销管理条例》第 20 条的规定，直销企业颁发的直销员证、直销培训员证应当依照国务院商务主管部门规定的式样印制。

商务部已于2005年11月1日发布了《直销员证》式样和《直销培训员证》式样。

46 直销企业应当对直销员业务培训的哪些方面负责?

答: 根据《直销管理条例》第21条第1款的规定,直销企业应当对直销员业务培训的合法性、培训秩序和培训场所的安全负责。第2款规定,直销企业及其直销培训员应当对直销员业务培训授课内容的合法性负责。

《直销业务员培训管理办法》对培训内容的合法性有所规定。其第8条第1款规定,直销培训不得宣扬迷信邪说、色情、淫秽或者渲染暴力;不得扰乱社会秩序,破坏社会稳定;不得对企业产品进行夸大、虚假宣传,贬低同类其他产品,强迫参加培训的人员购买产品;不得以任何方式宣扬直销员以往的收入情况,宣扬大多数参与者将获得成功;不得从事违反国家宪法、法律法规和国家规定禁止的其他活动。

47 直销员业务培训的具体管理办法由哪些部门制定?

答: 根据《直销管理条例》第21条第3款的规定,

直销员业务培训的具体管理办法由国务院商务主管部门、国务院工商行政管理部门会同有关部门另行制定。2005 年 11 月 1 日，商务部、公安部、国家工商行政管理总局发布了《直销员业务培训管理办法》，对在中华人民共和国境内举办的直销员业务培训及考试活动，予以具体规定。

48 直销员向消费者推销产品，应当遵守哪些规定？

答： 根据《直销管理条例》第 22 条的规定，直销员向消费者推销产品，应当遵守下列规定：

（一）出示直销员证和推销合同；

（二）未经消费者同意，不得进入消费者住所强行推销产品，消费者要求其停止推销活动的，应当立即停止，并离开消费者住所；

（三）成交前，向消费者详细介绍本企业的退货制度；

（四）成交后，向消费者提供发票和由直销企业出具的含有退货制度、直销企业当地服务网点地址和电话号码等内容的售货凭证。

49 我国对直销产品的价格有哪些规定？

答：《直销管理条例》第 23 条对直销产品的价格作

了规定，即：（1）直销企业应当在直销产品上标明产品价格；（2）直销产品价格与服务网点展示的产品价格应当一致；（3）直销员在从事直销活动中，必须按照标明的价格向消费者推销产品，不得擅自提高或降低直销产品价格。

50 直销企业如何向直销员支付报酬?

答：根据《直销管理条例》第24条的规定，直销企业至少应当按月支付直销员报酬。直销企业支付给直销员的报酬只能按照直销员本人直接向消费者销售产品的收入计算，报酬总额（包括佣金、奖金、各种形式的奖励以及其他经济利益等）不得超过直销员本人直接向消费者销售产品收入的30%。

51 直销企业应当如何建立换货和退货制度?

答：根据《直销管理条例》第25条的规定，直销企业应当建立并实行完善的换货和退货制度。

消费者自购买直销产品之日起30日内，产品未开封的，可以凭直销企业开具的发票或者售货凭证向直销企业及其分支机构、所在地的服务网点或者推销产品的直销员办理换货和退货；直销企业及其分支机构、所在地的服务网点和直销员应当自消费者提出换货或者退货要求之日起7日内，按照发票或者售货凭证标明的价款办理换货和退货。

直销员自购买直销产品之日起30日内，产品未开封的，可以凭直销企业开具的发票或者售货凭证向直销企业及其分支机构或者所在地的服务网点办理换货和退货；直销企业及其分支机构和所在地的服务网点应当自直销员提出换货或者退货要求之日起7日内，按照发票或者售货凭证标明的价款办理换货和退货。

不属于前两款规定情形，消费者、直销员要求换货和退货的，直销企业及其分支机构、所在地的服务网点和直销员应当依照有关法律法规的规定或者合同的约定，办理换货和退货。

52 直销企业与直销员因换货或退货发生纠纷的，由哪方承担举证责任？

答：根据《直销管理条例》第26条的规定，直销企业与直销员因换货或退货发生纠纷的，由直销企业承担举证责任。

53 直销企业及其直销员与消费者因换货或退货发生纠纷的，由哪方承担举证责任？

答：根据《直销管理条例》第26条的规定，直销企业及其直销员与消费者因换货或退货发生纠纷的，由直销企业及其直销员承担举证责任。

54 直销企业对其直销员的直销行为应承担什么责任？

答：根据《直销管理条例》第27条的规定，直销企业对其直销员的直销行为承担连带责任，能够证明直销员的直销行为与本企业无关的除外。

连带责任是指依照法律规定或者当事人约定，两个或者两个以上当事人对其共同债务全部承担或部分承担，并能因此引起其内部债务关系的一种民事责任。直销企业的连带责任是一种法律规定的连带责任，是一种推定的责任，即法律首先推定直销企业对直销员的违法行为造成的损害事实存在主观上的过错，除非直销企业能够证明直销员的直销行为与本企业无关，否则就要承担责任。

55 对直销企业实行信息披露措施的目的是什么?

答: 对直销企业实行信息披露措施,是针对直销活动的隐蔽性,以及在直销过程中直销企业与直销员、直销员与消费者之间信息不对称等特点而制定的,是为了便于直销员和消费者及时掌握有关情况,防止上当受骗,同时也有利于监管。

56 直销企业应当如何建立信息报备和披露制度?

答: 根据《直销管理条例》第 28 条第 1 款的规定,直销企业应当依照国务院商务主管部门和国务院工商行政管理部门的规定,建立并实行完备的信息报备和披露制度。同时接受政府相关部门的监管检查和社会公众的监督。

57 直销企业信息报备和披露的相关规定由哪些部门制定?

答: 根据《直销管理条例》第 28 条第 2 款的规定,直销企业信息报备和披露的内容、方式及相关要求,由国务院商务主管部门和国务院工商行政管理部门另行规定。2005 年 11 月 1 日，商务部、国家工商行政管理总局发布了《直销企业信息报备、披露管理办法》。

58 直销企业应向公众披露哪些信息？

答：根据《直销企业信息报备、披露管理办法》第 5 条的规定，直销企业设立后应真实、准确、及时、完整地向社会公众披露以下信息：

（一）直销企业直销员总数，各省级分支机构直销员总数、名单、直销员证编号、职业及与直销企业解除推销合同人员名单；

（二）直销企业及其分支机构名称、地址、联系方式及负责人，服务网点名称、地址、联系方式及负责人；

（三）直销产品目录、零售价格、产品质量及标准说明书，以及直销产品的主要成分、适宜人群、使用注意事项等应当让消费者事先知晓的内容。

根据国家相关规定直销产品应符合国家认证、许可或强制性标准的，直销企业应披露其取得相关认证、许可或符合标准的证明文件；

（四）直销员计酬、奖励制度；

（五）直销产品退换货办法、退换货地点及退换货情况；

（六）售后服务部门、职能、投诉电话、投诉处理程序；

（七）直销企业与直销员签订的推销合同中关于直销企业和直销员的权利、义务，直销员解约制度，直销员退换货办法，计酬办法及奖励制度，法律责任及其他相关规定；

（八）直销培训员名单、直销员培训和考试方案；

（九）涉及企业的重大诉讼、仲裁事项及处理情况。

上述内容若有变动，直销企业应在相关内容变动（涉及行政许可的应在获得许可）后 1 个月内及时更新网站资料。

59 对直销企业实行强制提取保证金制度的目的是什么？

答：对直销企业实行强制提取保证金制度，目的是为了保护消费者的合法权益，防止直销企业或者直销员不履行退货义务。

60 直销企业应当在哪些银行开设专门账户，存入保证金？

答：根据《直销管理条例》第 29 条第 1 款的规定，

直销企业应当在国务院商务主管部门和国务院工商行政管理部门共同指定的银行开设专门账户，存入保证金。

61 《直销管理条例》对直销企业保证金数额有什么要求？

答： 根据《直销管理条例》第29条第2款的规定，保证金的数额在直销企业设立时为人民币2000万元；直销企业运营后，保证金应当按月进行调整，其数额应当保持在直销企业上一个月直销产品销售收入15%的水平，但最高不超过人民币1亿元，最低不少于人民币2000万元。保证金的利息属于直销企业。

根据《直销企业保证金存缴、使用管理办法》第4条的规定，保证金金额按月调整时，直销企业于次月15日前将其上月销售额的有效证明文件向指定银行出具，并通过直销行业管理网站向商务部和工商总局备案。直销企业对出具的证明文件的真实性、完整性负责，指定银行应当对证明文件进行形式审查。根据直销企业月销售额，如需调增保证金金额的，直销企业应当在向指定银行递交月销售额证明文件后5日内将款项划转到其指定银行保证金账户；如需调减保证金金额的，按企业与指定银行签订的协议办理。

62 哪些部门可以决定使用保证金？

答：根据《直销管理条例》第30条的规定，国务院商务主管部门和国务院工商行政管理部门共同决定，可以使用保证金。

63 在哪些情形下，国务院有关部门可以决定使用保证金？

答：根据《直销管理条例》第30条的规定，出现下列情形之一，国务院商务主管部门和国务院工商行政管理部门共同决定，可以使用保证金：

（一）无正当理由，直销企业不向直销员支付报酬，或者不向直销员、消费者支付退货款的；

（二）直销企业发生停业、合并、解散、转让、破产等情况，无力向直销员支付报酬或者无力向直销员和消费者支付退货款的；

（三）因直销产品问题给消费者造成损失，依法应当进行赔偿，直销企业无正当理由拒绝赔偿或者无力赔偿的。

根据《直销企业保证金存缴、使用管理办法》第6条的规定，直销员或消费者要求使用保证金的，应当持法院生效判决书或调解书，向省级商务主管部门或工商行政管理部门提出申请，省级商务主管部门或工商行政管理部门接到申请后 10 个工作日内将申请材料报送商务部和工商总局。直销员除持法院生效判决书、调解书外，还应出示其身份证、直销员证及其与直销企业签订的推销合同。消费者除持法院生效判决书、调解书外，还应出示其身份证、售货凭证或发票。商务部和工商总局接到申请材料后 60 个工作日内作出是否使用保证金支付赔偿的决定，并书面通知指定银行、直销企业和保证金使用申请人。直销员违反《禁止传销条例》有关规定的，其申请不予受理。

64 保证金被依法使用后，直销企业应当在什么期限内补足保证金?

答：根据《直销管理条例》第 31 条的规定，保证金依照本条例第 30 条规定使用后，直销企业应当在 1 个月内将保证金的数额补足到本条例第 29 条第 2 款规定的水平。

65 直销企业能否用保证金对外担保或清偿债务?

答：根据《直销管理条例》第 32 条的规定，直销企业不得以保证金对外担保或者违反本条例的规定用于清偿债务。否则保证金将无法起到保障直销员及消费者合法权益的作用。

66 直销企业终止直销活动，如何取回保证金？

答：根据《直销管理条例》第33条的规定，直销企业不再从事直销活动的，凭国务院商务主管部门和国务院工商行政管理部门出具的凭证，可以向银行取回保证金。

若是企业申请直销未获批准的，也可凭商务部出具的书面凭证，向指定银行取回保证金。

67 哪些部门负责保证金的日常监管工作？

答：根据《直销管理条例》第34条第1款的规定，国务院商务主管部门和国务院工商行政管理部门共同负责保证金的日常监管工作。

68 保证金存缴、使用的具体管理办法由哪些部门制定？

答：根据《直销管理条例》第34条第2款的规定，保证金存缴、使用的具体管理办法由国务院商务主管部门、国务院工商行政管理部门会同有关部门另行制定。

2005 年 11 月 1 日，商务部、国家工商行政管理总局发布了《直销企业保证金存缴、使用管理办法》。

69 直销企业与指定银行签订的保证金专门账户协议应包括哪些内容?

答：根据《直销企业保证金存缴、使用管理办法》第 6 条的规定，直销企业与指定银行签订的保证金专门账户协议包括下述内容：

（一）指定银行根据商务部和国家工商行政管理总局（以下简称工商总局）的书面决定支付保证金；

（二）直销企业不得违反《直销管理条例》擅自动用保证金，不得以保证金对外担保或者违反《直销管理条例》规定用于清偿债务；

（三）指定银行应及时向商务部和工商总局通报保证金账户情况，商务部和工商总局可以查询直销企业保证金账户；

（四）直销企业和指定银行的权利义务及争议解决方式。

70 直销企业和直销员及其直销活动日常的监督管理由什么部门负责实施?

答：根据《直销管理条例》第 35 条的规定，工商行政管理部门负责对直销企业和直销员及其直销活动实施日常的监督管理。

71 工商行政管理部门可以采取哪些措施对直销企业和直销员及其直销活动进行现场检查?

答: 根据《直销管理条例》第35条第1款的规定,工商行政管理部门负责对直销企业和直销员及其直销活动实施日常的监督管理。工商行政管理部门可以采取下列措施进行现场检查:

(一)进入相关企业进行检查;

(二)要求相关企业提供有关文件、资料和证明材料;

(三)询问当事人、利害关系人和其他有关人员,并要求其提供有关材料;

(四)查阅、复制、查封、扣押相关企业与直销活动有关的材料和非法财物;

(五)检查有关人员的直销培训员证、直销员证等证件。

72 工商行政管理部门进行现场检查时,应当遵循哪些要求?

答: 根据《直销管理条例》第35条第2款的规定,工商行政管理部门依照前款规定进行现场检查时,检查人员不得少于2人，并应当出示合法证件；实施查封、扣押的，必须经县级以上工商行政管理部门主要负责人批准。

73 工商行政管理部门实施日常监督管理，发现有关企业有涉嫌违反《直销管理条例》的，可以采取什么措施？

答：根据《直销管理条例》第36条的规定，工商行政管理部门实施日常监督管理，发现有关企业有涉嫌违反《直销管理条例》行为的，经县级以上工商行政管理部门主要负责人批准，可以责令其暂时停止有关的经营活动。

根据《国家工商行政管理总局关于加强直销监督管理工作的意见》第19条的规定，市、县级工商行政管理机关负责对直销企业在本辖区直销活动的日常监督管理；受理有关直销活动的举报投诉；依职权查处本辖区内发生的违反《直销管理条例》的案件。其中，对直销企业涉嫌违反《直销管理条例》、《禁止传销条例》规定需要立案调查的，应当报省级工商行政管理机关备案。

74 工商行政管理部门应当如何处理举报和投诉？

答：根据《直销管理条例》第37条的规定，工商行政管理部门应当设立并公布举报电话，接受对违反《直销管理条例》行为的举报和投诉，并及时进行调查处理。

工商行政管理部门应当为举报人保密；对举报有功人员，应当依照国家有关规定给予奖励。

75 对直销企业和直销员及其直销活动实施监督管理的部门及其工作人员违法实施许可或违法监管时，应该如何处理？

答：根据《直销管理条例》第 38 条的规定，对直销企业和直销员及其直销活动实施监督管理的有关部门及其工作人员，对不符合本条例规定条件的申请予以许可或者不依照《直销管理条例》规定履行监督管理职责的，对直接负责的主管人员和其他直接责任人员，依法给予行政处分；构成犯罪的，依法追究刑事责任。对不符合《直销管理条例》规定条件的申请予以的许可，由作出许可决定的有关部门撤销。

76 未经批准从事直销活动的，应该如何处理？

答：根据《直销管理条例》第 39 条的规定，违反本条例第 9 条和第 10 条规定，未经批准从事直销活动的，由工商行政管理部门责令改正，没收直销产品和违法销售收入，处5万元以上30万元以下的罚款；情节严重的，处30万元以上50万元以下的罚款，并依法予以取缔；构成犯罪的，依法追究刑事责任。

77 申请人通过欺骗、贿赂等手段取得设定直销企业或者分支机构的许可的，应该如何处理？

答：根据《直销管理条例》第40条的规定，申请人通过欺骗、贿赂等手段取得本条例第9条和第10条设定的许可的，由工商行政管理部门没收直销产品和违法销售收入，处5万元以上30万元以下的罚款，由国务院商务主管部门撤销其相应的许可，申请人不得再提出申请；情节严重的，处30万元以上50万元以下的罚款，并依法予以取缔；构成犯罪的，依法追究刑事责任。

78 直销企业违反《直销管理条例》关于变更登记的规定的，应该如何处理？

答：根据《直销管理条例》第41条的规定，直销企业违反本条例第11条规定的，即违反关于变更登记的规定的，由工商行政管理部门责令改正，处3万元以上30万元以下的罚款；对不再符合直销经营许可条件的，由国务院商务主管部门吊销其直销经营许可证。

79 直销企业违反规定，超出直销产品范围从事直销经营活动的，应该如何处理？

答：根据《直销管理条例》第42条的规定，直销企业违反规定，超出直销产品范围从事直销经营活动的，由工商行政管理部门责令改正，没收直销产品和违法销售收入，处5万元以上30万元以下的罚款；情节严重的，处30万元以上50万元以下的罚款，由工商行政管理部门吊销有违法经营行为的直销企业分支机构的营业执照直至由国务院商务主管部门吊销直销企业的直销经营许可证。

80 直销企业及其直销员有欺骗、误导等宣传和推销行为的，应该如何处理？

答：根据《直销管理条例》第43条的规定，直销企业及其直销员违反本条例规定，有欺骗、误导等宣传和推销行为的，对直销企业，由工商行政管理部门处3万元以上10万元以下的罚款；情节严重的，处10万元以上30万元以下的罚款，由工商行政管理部门吊销有违法经营行为的直销企业分支机构的营业执照直至由国务院商务主管部门吊销直销企业的直销经营许可证。对直销员，由工商行政管理部门处 5 万元以下的罚款；情节严重的，责令直销企业撤销其直销员资格。

81 直销企业及其分支机构违反《直销管理条例》规定招募直销员的，应该如何处理？

答：根据《直销管理条例》第 44 条的规定，直销企业及其分支机构违反本条例规定招募直销员的，由工商行政管理部门责令改正，处 3 万元以上 10 万元以下的罚款；情节严重的，处 10 万元以上 30 万元以下的罚款，由工商行政管理部门吊销有违法经营行为的直销企业分支机构的营业执照直至由国务院商务主管部门吊销直销企业的直销经营许可证。

82 违反《直销管理条例》规定，未取得直销员证从事直销活动的，应该如何处理？

答：根据《直销管理条例》第 45 条的规定，违反本条例规定，未取得直销员证从事直销活动的，由工商行政管理部门责令改正，没收直销产品和违法销售收入，可以处 2 万元以下的罚款；情节严重的，处 2 万元以上 20 万元以下的罚款。

83 直销企业进行直销员业务培训违反《直销管理条例》的，应该如何处理？

答：根据《直销管理条例》第 46 条第 1 款的规定，直销企业进行直销员业务培训违反本条例规定的，由工商行政管理部门责令改正，没收违法所得，处 3 万元以上 10 万元以下的罚款；情节严重的，处 10 万元以上 30 万元以下的罚款，由工商行政管理部门吊销有违法经营行为的直销企业分支机构的营业执照直至由国务院商务主管部门吊销直销企业的直销经营许可证；对授课人员，由工商行政管理部门处 5 万元以下的罚款，是直销培训员的，责令直销企业撤销其直销培训员资格。

84 直销企业以外的单位和个人组织直销员业务培训的，应该如何处理？

答：根据《直销管理条例》第 46 条第 2 款的规定，直销企业以外的单位和个人组织直销员业务培训的，由工商行政管理部门责令改正，没收违法所得，处 2 万元以上 20 万元以下的罚款。

85 直销员违反《直销管理条例》第 22 条关于推销产品时应遵守的规定的，应该如何处理？

答：根据《直销管理条例》第 47 条的规定，直销员违反本条例第 22 条规定的，由工商行政管理部门没收违法销售收入，可以处 5 万元以下的罚款；情节严重的，责令直销企业撤销其直销员资格，并对直销企业处 1 万元以上 10 万元以下的罚款。

86 直销企业违反《直销管理条例》关于价格公示规定的，应该如何处理？

答：根据《直销管理条例》第 48 条的规定，直销企业违反价格公示规定的，依照价格法的有关规定处理。

87 直销企业违反《直销管理条例》关于向直销员支付报酬和换货、退货规定的，应该如何处理？

答：根据《直销管理条例》第 49 条的规定，直销企业违反关于向直销员支付报酬和换货、退货规定的，由工商行政管理部门责令改正，处 5 万元以上 30 万元以下的罚款；情节严重的，处 30 万元以上 50 万元以下的罚款，由工商行政管理部门吊销有违法经营行为的直销企业分支机构的营业执照直至由国务院商务主管部门吊销直销企业的直销经营许可证。

88 直销企业未依照《直销管理条例》的规定进行信息报备和披露的，应该如何处理？

答：根据《直销管理条例》第50条的规定，直销企业未依照有关规定进行信息报备和披露的，由工商行政管理部门责令限期改正，处10万元以下的罚款；情节严重的，处10万元以上30万元以下的罚款；拒不改正的，由国务院商务主管部门吊销其直销经营许可证。

89 直销企业违反《直销管理条例》关于保证金的规定的，应该如何处理？

答：根据《直销管理条例》第51条的规定，直销企业违反关于保证金的有关规定的，由工商行政管理部门责令限期改正，处10万元以下的罚款；拒不改正的，处10万元以上30万元以下的罚款，由国务院商务主管部门吊销其直销经营许可证。

90 同时违反《直销管理条例》和《禁止传销条例》的，应该如何处理？

答： 根据《直销管理条例》第52条的规定，违反本条例的违法行为同时违反《禁止传销条例》的，依照《禁止传销条例》有关规定予以处罚。

91 直销企业拟成立直销企业协会等社团组织时，应遵循什么程序？

答： 根据《直销管理条例》第53条的规定，直销企业拟成立直销企业协会等社团组织，应当经国务院商务主管部门批准，凭批准文件依法申请登记。

92 港、澳、台地区的投资者在境内投资建立直销企业、开展直销活动的，应当如何办理？

答： 根据《直销管理条例》第54条的规定，香港特别行政区、澳门特别行政区和台湾地区的投资者在境内投资建立直销企业，开展直销活动的，参照本条例有关外国投资者的规定办理。

第二部分　禁止传销问答

1　直销和传销在国外是如何发展的？直销和传销在我国的实际情况是什么？

答：直销作为一种经营模式最早起源于美国，之后传入欧洲、日本等世界其他国家和地区。直销具有减少流通环节、节省广告投入、实行面对面服务等优点，因而在一些国家迅速传播开来。但因其同时具有交易上的隐蔽性、参与人员的分散性、交易对象的不确定性等特征，在其逐步发展的同时，也很快衍生出一些商业欺诈行为，特别是传销、“金字塔诈骗”和“老鼠会”等，严重扰乱了正常的经济秩序。为此，各国政府都在严格规范的前提下开放直销经营活动；同时，通过立法严厉打击利用直销名义进行的欺诈活动。如美国的“禁止金字塔计划”法案、日本的《无限连锁链防止法》、马来西亚的《直销法》等。

20 世纪 90 年代初，一些国外直销公司开始进入中国。由于我国正处于社会主义市场经济发展的初级阶段，市场发育程度较低，有关管理法规不够完善，直销逐渐发展成为各种形式的传销活动。一些不法的单位和个人打着“快速致富”的旗号，诱骗群众参与传销，利用虚假宣传、组成封闭人际网络，收取高额入门费等手段敛取钱财，还有一些人利用传销从事迷信、帮会、价格欺诈、推销假冒伪劣产品等违法犯罪活动，不仅干扰了正常的经济秩序，严重损害人民群众的利益，还严重影响了我国的社会稳定。针对上述情况，1998 年 4 月，国务院发布了《国务院关于禁止传销经营活动的通知》（国发〔1998〕10 号），2005 年 8 月 23 日公布了《禁止传销条例》，全面禁止传销。全国公安机关坚持对传销违法犯罪活动持“零容忍”态度，继续以重点案件、重点领域、重点地区为抓手，紧盯传销犯罪新手法、新动向、新趋势，持续不断地对传销违法犯罪活动开展严厉打击。

2 为什么要制定《禁止传销条例》？

答：自 1998 年国务院颁布通知全面禁止传销以来，在国务院的统一部署下，工商、公安等部门认真履行职责，对各种传销活动进行了严厉打击，取得了显著成效，大规模、公开化的传销活动得到了有效遏制。

近年来，传销进一步发展为以“拉人头”欺诈等为主要形式的违法犯罪活动。为了逃避打击，传销活动也由公开转入地下，采取更为隐蔽、更为恶劣的手段进行不法活动，且近年来有愈演愈烈之势，不仅严重扰乱正常的市场经济秩序，也直接危害人民群众的生命财产安全，破坏社会稳定。传销的危害突出表现在：

一是传销不仅违反了国务院禁止传销的规定，还违反了国家有关法律、法规的规定。伴随传销发生的偷税漏税、制售假冒伪劣商品、走私贩私、非法买卖外汇、非法集资、虚假宣传、侵害消费者权益等大量违法行为，给金融秩序和市场经济秩序造成破坏。

二是传销侵害的多是弱势群体。被骗参加传销的人员中，大多是农民、下岗职工、老年人等社会弱势群体，近年来还出现在校学生、少数民族群众等被骗参与传销的情况，绝大多数参加者被骗后血本无归，有的甚至生活无着。

三是引发治安违法行为和刑事犯罪行为。一些人被骗后走上了偷盗、抢劫、械斗、卖淫等违法犯罪的道路，给社会治安带来隐患；加上一些黑势力犯罪团伙等参与其中，从事其他违法犯罪活动，给社会稳定造成了严重危害。

四是对社会伦理道德造成冲击。传销引发的夫妻反目，父子相向，甚至家破人亡的惨剧时有发生，在给传销参与者造成经济损失的同时，给其家庭也造成巨大伤害，严重破坏社会主义精神文明建设。

五是传销组织者、策划者对参加人员实施精神控制。传销通过对参加人员培训“洗脑”，宣扬所谓的迅速发财致富等传销理论，使人沉溺于“发财梦”中不能自拔，诱使参加者不择手段大肆从事欺诈活动。有鉴于此，为了维护广大人民群众的切身利益和市场经济秩序，国务院要求各级人民政府和执法部门要严格执法，对传销活动一经发现，坚决取缔。为了进一步加大对传销的打击力度，防止欺诈，保护公民、法人和其他组织的合法权益，维护社会主义市场经济秩序，保持社会稳定，构建和谐社会，国务院颁布了《禁止传销条例》，从法律上明确禁止任何单位和个人从事传销，并对传销的定义、表现形式、打击传销的工作机制、措施和程序、法律责任等作出了明确规定。

3 《禁止传销条例》的指导思想是什么？

答：在制定条例的过程中，主要遵循以下指导思想：

一是进一步明确法律界限，依法查禁传销活动。准确界定传销行为，坚决依法开展打击工作，保护公民、法人和其他组织的合法权益，维护我国市场经济秩序和社会稳定。

二是保持国家政策的稳定和延续。在国家现有政策的基础上，充分借鉴国外相关法律规定及监管打击的有效做法，认真分析传销的表现形式和特征，结合我国的执法实践经验，起草和制定条例，使打击传销这项长期工作，更加有法可依，有章可循。三是建立打击传销的有效机制，坚持打击与防范相结合，惩罚与教育相结合以及标本兼治的原则。坚决把传销遏制在萌芽状态，避免给广大人民群众的利益造成损害，避免给市场经济秩序和社会公共秩序带来更大危害。积极开展综合治理，建立打击传销的长效机制。

4 《禁止传销条例》的立法宗旨是什么？

答：根据《禁止传销条例》第 1 条的规定，为了防止欺诈，保护公民、法人和其他组织的合法权益，维护社会主义市场经济秩序，保持社会稳定，制定本条例。

5 什么是传销？

答：根据《禁止传销条例》第 2 条的规定，本条例所称传销，是指组织者或者经营者发展人员，通过对被发展人员以其直接或者间接发展的人员数量或者销售业绩为依据计算和给付报酬，或者要求被发展人员以交纳一定费用为条件取得加入资格等方式牟取非法利益，扰乱经济秩序，影响社会稳定的行为。

6 县级以上地方人民政府对查处传销工作有何职责？

答：根据《禁止传销条例》第 3 条的规定，县级以上地方人民政府应当加强对查处传销工作的领导，支持、督促各有关部门依法履行监督管理职责。

县级以上地方人民政府应当根据需要，建立查处传销工作的协调机制，对查处传销工作中的重大问题及时予以协调、解决。

7 工商行政管理部门、公安机关查处传销行为应注意什么？

答：根据《禁止传销条例》第 4 条和第 5 条的规定，工商行政管理部门、公安机关应当依照本条例的规定，在各自的职责范围内查处传销行为。工商行政管理部门、公安机关依法查处传销行为，应当坚持教育与处罚相结合的原则，教育公民、法人或者其他组织自觉守法。

8 对举报传销行为有何规定？

答：根据《禁止传销条例》第 6 条的规定，任何单位和个人有权向工商行政管理部门、公安机关举报传销行为。工商行政管理部门、公安机关接到举报后，应当立即调查核实，依法查处，并为举报人保密；经调查属实的，依照国家有关规定对举报人给予奖励。

9 哪些行为属于传销行为？

答：根据《禁止传销条例》第 7 条的规定，下列行为，属于传销行为：

（一）组织者或者经营者通过发展人员，要求被发展人员发展其他人员加入，对发展的人员以其直接或者间接滚动发展的人员数量为依据计算和给付报酬（包括物质奖励和其他经济利益，下同），牟取非法利益的；

（二）组织者或者经营者通过发展人员，要求被发展人员交纳费用或者以认购商品等方式变相交纳费用，取得加入或者发展其他人员加入的资格，牟取非法利益的；

（三）组织者或者经营者通过发展人员，要求被发展人员发展其他人员加入，形成上下线关系，并以下线的销售业绩为依据计算和给付上线报酬，牟取非法利益的。

10 哪个机关负责查处传销行为？

答：根据《禁止传销条例》第 8 条的规定，工商行政管理部门依照本条例的规定，负责查处本条例第 7 条规定的传销行为。

11 利用互联网等媒体发布传销信息的，由哪些机关查处？

答：根据《禁止传销条例》第 9 条的规定，利用互联网等媒体发布含有本条例第 7 条规定的传销信息的，由工商行政管理部门会同电信等有关部门依照本条例的规定查处。

12 在传销中欺骗他人离开居所地非法聚集并限制人身自由的，由哪些机关查处？

答：根据《禁止传销条例》第 10 条的规定，在传销中以介绍工作、从事经营活动等名义欺骗他人离开居所地非法聚集并限制其人身自由的，由公安机关会同工商行政管理部门依法查处。

13 哪些部门和单位应当在其职责范围内查处传销行为？

答：根据《禁止传销条例》第 11 条的规定，商务、教育、民政、财政、劳动保障、电信、税务等有关部门和单位，应当依照各自职责和有关法律、行政法规的规定配合工商行政管理部门、公安机关查处传销行为。

14 基层组织对于查处传销行为承担什么义务？

答：根据《禁止传销条例》第 12 条的规定，农村村民委员会、城市居民委员会等基层组织，应当在当地人民政府指导下，协助有关部门查处传销行为。

基层组织作为连接社会的底层组织，在打击传销活动中具有密切联系群众、贴近群众生活的天然优势，发挥村委会、居委会等传统基层组织和物业管理委员会、民间志愿组织等新型基层组织的积极性，特别是努力适应人员流动性强、群体利益多元化等新特点，充分发挥新型基层组织的力量，创新工作方式方法，延伸管理触角，为打击传销等非法活动发挥更大作用。

15 工商行政管理部门查处传销行为，对涉嫌犯罪的该如何处理？

答：根据《禁止传销条例》第13条的规定，工商行政管理部门查处传销行为，对涉嫌犯罪的，应当依法移送公安机关立案侦查。

16 公安机关立案侦查传销案件，对不构成犯罪的该如何处理？

答：根据《禁止传销条例》第13条的规定，公安机关立案侦查传销案件，对经侦查不构成犯罪的，应当依法移交工商行政管理部门查处。

17 对涉嫌传销行为进行查处时，可采取哪些措施？

答：根据《禁止传销条例》第14条的规定，县级以上工商行政管理部门对涉嫌传销行为进行查处时，可以采取下列措施：

（一）责令停止相关活动；

（二）向涉嫌传销的组织者、经营者和个人调查、了解有关情况；

（三）进入涉嫌传销的经营场所和培训、集会等活动场所，实施现场检查；

（四）查阅、复制、查封、扣押涉嫌传销的有关合同、票据、账簿等资料；

（五）查封、扣押涉嫌专门用于传销的产品（商品）、工具、设备、原材料等财物；

（六）查封涉嫌传销的经营场所；

（七）查询涉嫌传销的组织者或者经营者的账户及与存款有关的会计凭证、账簿、对账单等；

（八）对有证据证明转移或者隐匿违法资金的，可以申请司法机关予以冻结。

工商行政管理部门采取前款规定的措施，应当向县级以上工商行政管理部门主要负责人书面或者口头报告并经批准。遇有紧急情况需要当场采取前款规定措施的，应当在事后立即报告并补办相关手续；其中，实施前款规定的查封、扣押，以及第（七）项、第（八）项规定的措施，应当事先经县级以上工商行政管理部门主要负责人书面批准。

18 对涉嫌传销行为进行查处时，对执法人员的人数有何规定？

答：根据《禁止传销条例》第 15 条第 1 款的规定，工商行政管理部门对涉嫌传销行为进行查处时，执法人员不得少于 2 人。

19 哪些情况下，执法人员应当回避？

答：根据《禁止传销条例》第 15 条第 2 款的规定，执法人员与当事人有直接利害关系的，应当回避。

20 执法人员对涉嫌传销行为进行查处时，是否需出示证件？

答：根据《禁止传销条例》第 16 条的规定，工商行政管理部门的执法人员对涉嫌传销行为进行查处时，应当向当事人或者有关人员出示证件。

21 实施查封、扣押时应向当事人交付哪些材料？

答：根据《禁止传销条例》第 17 条的规定，工商行政管理部门实施查封、扣押，应当向当事人当场交付查封、扣押决定书和查封、扣押财物及资料清单。

在交通不便地区或者不及时实施查封、扣押可能影响案件查处的，可以先行实施查封、扣押，并应当在24小时内补办查封、扣押决定书，送达当事人。

22 实施查封、扣押的期限有多长？

答：根据《禁止传销条例》第18条第1款的规定，工商行政管理部门实施查封、扣押的期限不得超过30日；案件情况复杂的，经县级以上工商行政管理部门主要负责人批准，可以延长15日。

23 对被查封、扣押的财物，因保管不善造成的损失应如何处理？

答：根据《禁止传销条例》第18条第2款的规定，对被查封、扣押的财物，工商行政管理部门应当妥善保管，不得使用或者损毁；造成损失的，应当承担赔偿责任。但是，因不可抗力造成的损失除外。

24 实施查封、扣押后，应何时作出处理决定？

答：根据《禁止传销条例》第19条第1款的规定，

工商行政管理部门实施查封、扣押，应当及时查清事实，在查封、扣押期间作出处理决定。

25 经调查核实后，对查封、扣押的财物，应如何处理？

答：根据《禁止传销条例》第19条第2款的规定，对于经调查核实属于传销行为的，应当依法没收被查封、扣押的非法财物；对于经调查核实没有传销行为或者不再需要查封、扣押的，应当在作出处理决定后立即解除查封，退还被扣押的财物。

26 逾期未作出处理决定的，对查封、扣押的财物，应如何处理？

答：根据《禁止传销条例》第19条第3款的规定，工商行政管理部门逾期未作出处理决定的，被查封的物品视为解除查封，被扣押的财物应当予以退还。拒不退还的，当事人可以向人民法院提起行政诉讼。

27 违法使用或者损毁被查封、扣押的财物，造成损失的应如何处理？

答：根据《禁止传销条例》第20条的规定，工商行政管理部门及其工作人员违反本条例的规定使用或者损毁被查封、扣押的财物，造成当事人经济损失的，应当承担赔偿责任。

28 对涉嫌传销行为进行查处时，当事人有何权利？

答：根据《禁止传销条例》第21条的规定，工商行政管理部门对涉嫌传销行为进行查处时，当事人有权陈述和申辩。

29 现场笔录和查封、扣押清单需哪些人签名或者盖章？

答：根据《禁止传销条例》第22条的规定，工商行政管理部门对涉嫌传销行为进行查处时，应当制作现场笔录。

现场笔录和查封、扣押清单由当事人、见证人和执法人员签名或者盖章，当事人不在现场或者当事人、见证人拒绝签名或者盖章的，执法人员应当在现场笔录中予以注明。

30 哪些机关可以向社会公开发布传销警示、提示？

答： 根据《禁止传销条例》第 23 条第 1 款的规定，对于经查证属于传销行为的，工商行政管理部门、公安机关可以向社会公开发布警示、提示。

警示、提示实际上是工商、公安机关依法向社会发布的公告，是防止群众上当受骗的重要措施。通过对传销组织和传销活动的揭露和曝光，提醒社会注意，可以避免造成更大的社会危害和损失。警示、提示可以发布在执法机关的刊物、网站和公示公告栏上，也可以借助社会媒体发布。警示、提示的发布，揭露了传销组织的欺诈本质，防止更多不明真相的群众上当受骗，同时也震慑了传销违法组织及其骨干分子。

31 向社会公开发布传销警示、提示，需谁批准？

答： 根据《禁止传销条例》第 23 条第 2 款的规定，向社会公开发布传销警示、提示应当经县级以上工商行政管理部门主要负责人或者公安机关主要负责人批准。

32 组织策划传销的，应如何处罚？

答： 根据《禁止传销条例》第 24 条第 1 款的规定，

有本条例第 7 条规定的行为，组织策划传销的，由工商行政管理部门没收非法财物，没收违法所得，处 50 万元以上 200 万元以下的罚款；构成犯罪的，依法追究刑事责任。

33 介绍、诱骗、胁迫他人参加传销的，应如何处罚？

答：根据《禁止传销条例》第 24 条第 2 款的规定，有本条例第 7 条规定的行为，介绍、诱骗、胁迫他人参加传销的，由工商行政管理部门责令停止违法行为，没收非法财物，没收违法所得，处 10 万元以上 50 万元以下的罚款；构成犯罪的，依法追究刑事责任。

34 参加传销的，应如何处罚？

答：根据《禁止传销条例》第 24 条第 3 款的规定，有本条例第 7 条规定的行为，参加传销的，由工商行政管理部门责令停止违法行为，可以处 2000 元以下的罚款。

35 什么情况下可以责令停产停业或者吊销营业执照？

答：根据《禁止传销条例》第 25 条的规定，工商行政管理部门依照本条例第 24 条的规定进行处罚时，可以依照有关法律、行政法规的规定，责令停业整顿或者吊销营业执照。

36 为传销行为提供经营场所、培训场所、货源、保管、仓储等条件的，应如何处罚？

答：根据《禁止传销条例》第 26 条第 1 款的规定，为本条例第 7 条规定的传销行为提供经营场所、培训场所、货源、保管、仓储等条件的，由工商行政管理部门责令停止违法行为，没收违法所得，处 5 万元以上 50 万元以下的罚款。

37 为传销行为提供互联网信息服务的，应如何处罚？

答：根据《禁止传销条例》第 26 条第 2 款的规定，为本条例第 7 条规定的传销行为提供互联网信息服务的，由工商行政管理部门责令停止违法行为，并通知有关部门依照《互联网信息服务管理办法》予以处罚。

38 当事人擅自动用、调换、转移、损毁被查封、扣押财物的，应如何处罚？

答：根据《禁止传销条例》第 27 条的规定，当事人擅自动用、调换、转移、损毁被查封、扣押财物的，由工商行政管理部门责令停止违法行为，处被动用、调换、转移、损毁财物价值5%以上20%以下的罚款；拒不改正的，处被动用、调换、转移、损毁财物价值1倍以上3倍以下的罚款。

39 在传销中欺骗他人离开居所地非法聚集并限制人身自由的，应如何处罚？

答：根据《禁止传销条例》第28条的规定，在传销中以介绍工作、从事经营活动等名义欺骗他人离开居所地非法聚集并限制其人身自由的，构成违反治安管理行为的，由公安机关依照治安管理的法律、行政法规规定处罚；构成犯罪的，依法追究刑事责任。

40 拒绝、阻碍执法人员依法查处传销行为的，应如何处罚？

答：根据《禁止传销条例》第28条的规定，拒绝、阻碍工商行政管理部门的执法人员依法查处传销行为，构成违反治安管理行为的，由公安机关依照治安管理的法律、行政法规规定处罚；构成犯罪的，依法追究刑事责任。

41 工商行政管理部门、公安机关及其工作人员违反职责行为的，应如何处罚？

答：根据《禁止传销条例》第29条的规定，工商行政管理部门、公安机关及其工作人员滥用职权、玩忽职守、徇私舞弊，未依照本条例规定的职责和程序查处传销行为，或者发现传销行为不予查处，或者支持、包庇、纵容传销行为，构成犯罪的，对直接负责的主管人员和其他直接责任人员，依法追究刑事责任；尚不构成犯罪的，依法给予行政处分。

第三部分　关联法规

直销管理条例

（2005年8月23日中华人民共和国国务院令第443号公布　根据2017年3月1日《国务院关于修改和废止部分行政法规的决定》修订）

第一章　总　　则

第一条　为规范直销行为，加强对直销活动的监管，防止欺诈，保护消费者的合法权益和社会公共利益，制定本条例。

第二条　在中华人民共和国境内从事直销活动，应当遵守本条例。

直销产品的范围由国务院商务主管部门会同国务院工商行政管理部门根据直销业的发展状况和消费者的需求确定、公布。

第三条　本条例所称直销，是指直销企业招募直销员，由直销员在固定营业场所之外直接向最终消费者（以下简称消费者）推销产品的经销方式。

本条例所称直销企业，是指依照本条例规定经批准采取直销方式销售产品的企业。

本条例所称直销员，是指在固定营业场所之外将产品直接推销给消费者的人员。

第四条 在中华人民共和国境内设立的企业（以下简称企业），可以依照本条例规定申请成为以直销方式销售本企业生产的产品以及其母公司、控股公司生产产品的直销企业。

直销企业可以依法取得贸易权和分销权。

第五条 直销企业及其直销员从事直销活动，不得有欺骗、误导等宣传和推销行为。

第六条 国务院商务主管部门和工商行政管理部门依照其职责分工和本条例规定，负责对直销企业和直销员及其直销活动实施监督管理。

第二章 直销企业及其分支机构的设立和变更

第七条 申请成为直销企业，应当具备下列条件：

（一）投资者具有良好的商业信誉，在提出申请前连续5年没有重大违法经营记录；外国投资者还应当有3年以上在中国境外从事直销活动的经验；

（二）实缴注册资本不低于人民币8000万元；

（三）依照本条例规定在指定银行足额缴纳了保证金；

（四）依照规定建立了信息报备和披露制度。

第八条 申请成为直销企业应当填写申请表，并提交下列申请文件、资料：

（一）符合本条例第七条规定条件的证明材料；

（二）企业章程，属于中外合资、合作企业的，还应当提供合资或者合作企业合同；

（三）市场计划报告书，包括依照本条例第十条规定拟定的经当地县级以上人民政府认可的从事直销活动地区的服务网点方案；

（四）符合国家标准的产品说明；

（五）拟与直销员签订的推销合同样本；

（六）会计师事务所出具的验资报告；

（七）企业与指定银行达成的同意依照本条例规定使用保证金的协议。

第九条 申请人应当通过所在地省、自治区、直辖市商务主管部门向国务院商务主管部门提出申请。省、自治区、直辖市商务主管部门应当自收到申请文件、资料之日起 7 日内，将申请文件、资料报送国务院商务主管部门。国务院商务主管部门应当自收到全部申请文件、资料之日起 90 日内，经征求国务院工商行政管理部门的意见，作出批准或者不予批准的决定。予以批准的，由国务院商务主管部门颁发直销经营许可证。

申请人持国务院商务主管部门颁发的直销经营许可证，依法向工商行政管理部门申请变更登记。

国务院商务主管部门审查颁发直销经营许可证，应当考虑国家安全、社会公共利益和直销业发展状况等因素。

第十条 直销企业从事直销活动，必须在拟从事直销活动的省、自治区、直辖市设立负责该行政区域内直销业务的分支机构（以下简称分支机构）。

直销企业在其从事直销活动的地区应当建立便于并满足消

费者、直销员了解产品价格、退换货及企业依法提供其他服务的服务网点。服务网点的设立应当符合当地县级以上人民政府的要求。

直销企业申请设立分支机构，应当提供符合前款规定条件的证明文件和资料，并应当依照本条例第九条第一款规定的程序提出申请。获得批准后，依法向工商行政管理部门办理登记。

第十一条 直销企业有关本条例第八条第一项、第二项、第三项、第五项、第六项、第七项所列内容发生重大变更的，应当依照本条例第九条第一款规定的程序报国务院商务主管部门批准。

第十二条 国务院商务主管部门应当将直销企业及其分支机构的名单在政府网站上公布，并及时进行更新。

第三章 直销员的招募和培训

第十三条 直销企业及其分支机构可以招募直销员。直销企业及其分支机构以外的任何单位和个人不得招募直销员。

直销员的合法推销活动不以无照经营查处。

第十四条 直销企业及其分支机构不得发布宣传直销员销售报酬的广告，不得以缴纳费用或者购买商品作为成为直销员的条件。

第十五条 直销企业及其分支机构不得招募下列人员为直销员：

（一）未满18周岁的人员；

（二）无民事行为能力或者限制民事行为能力的人员；

（三）全日制在校学生；

（四）教师、医务人员、公务员和现役军人；

（五）直销企业的正式员工；

（六）境外人员；

（七）法律、行政法规规定不得从事兼职的人员。

第十六条 直销企业及其分支机构招募直销员应当与其签订推销合同，并保证直销员只在其一个分支机构所在的省、自治区、直辖市行政区域内已设立服务网点的地区开展直销活动。未与直销企业或者其分支机构签订推销合同的人员，不得以任何方式从事直销活动。

第十七条 直销员自签订推销合同之日起60日内可以随时解除推销合同；60日后，直销员解除推销合同应当提前15日通知直销企业。

第十八条 直销企业应当对拟招募的直销员进行业务培训和考试，考试合格后由直销企业颁发直销员证。未取得直销员证，任何人不得从事直销活动。

直销企业进行直销员业务培训和考试，不得收取任何费用。

直销企业以外的单位和个人，不得以任何名义组织直销员业务培训。

第十九条 对直销员进行业务培训的授课人员应当是直销企业的正式员工，并符合下列条件：

（一）在本企业工作1年以上；

（二）具有高等教育本科以上学历和相关的法律、市场营销专业知识；

（三）无因故意犯罪受刑事处罚的记录；

（四）无重大违法经营记录。

直销企业应当向符合前款规定的授课人员颁发直销培训员证，并将取得直销培训员证的人员名单报国务院商务主管部门备案。国务院商务主管部门应当将取得直销培训员证的人员名单，在政府网站上公布。

境外人员不得从事直销员业务培训。

第二十条 直销企业颁发的直销员证、直销培训员证应当依照国务院商务主管部门规定的式样印制。

第二十一条 直销企业应当对直销员业务培训的合法性、培训秩序和培训场所的安全负责。

直销企业及其直销培训员应当对直销员业务培训授课内容的合法性负责。

直销员业务培训的具体管理办法由国务院商务主管部门、国务院工商行政管理部门会同有关部门另行制定。

第四章 直 销 活 动

第二十二条 直销员向消费者推销产品，应当遵守下列规定：

（一）出示直销员证和推销合同；

（二）未经消费者同意，不得进入消费者住所强行推销产品，消费者要求其停止推销活动的，应当立即停止，并离开消费者住所；

（三）成交前，向消费者详细介绍本企业的退货制度；

（四）成交后，向消费者提供发票和由直销企业出具的含有退货制度、直销企业当地服务网点地址和电话号码等内容的售货凭证。

第二十三条 直销企业应当在直销产品上标明产品价格，该价格与服务网点展示的产品价格应当一致。直销员必须按照标明的价格向消费者推销产品。

第二十四条 直销企业至少应当按月支付直销员报酬。直销企业支付给直销员的报酬只能按照直销员本人直接向消费者销售产品的收入计算，报酬总额（包括佣金、奖金、各种形式的奖励以及其他经济利益等）不得超过直销员本人直接向消费者销售产品收入的30%。

第二十五条 直销企业应当建立并实行完善的换货和退货制度。

消费者自购买直销产品之日起30日内，产品未开封的，可以凭直销企业开具的发票或者售货凭证向直销企业及其分支机构、所在地的服务网点或者推销产品的直销员办理换货和退货；直销企业及其分支机构、所在地的服务网点和直销员应当自消费者提出换货或者退货要求之日起7日内，按照发票或者售货凭证标明的价款办理换货和退货。

直销员自购买直销产品之日起30日内，产品未开封的，可以凭直销企业开具的发票或者售货凭证向直销企业及其分支机构或者所在地的服务网点办理换货和退货；直销企业及其分支机构和所在地的服务网点应当自直销员提出换货或者退货要求之日起7日内，按照发票或者售货凭证标明的价款办理换货和退货。

不属于前两款规定情形，消费者、直销员要求换货和退货的，直销企业及其分支机构、所在地的服务网点和直销员应当依照有关法律法规的规定或者合同的约定，办理换货和退货。

第二十六条 直销企业与直销员、直销企业及其直销员与消费者因换货或者退货发生纠纷的，由前者承担举证责任。

第二十七条 直销企业对其直销员的直销行为承担连带责任，能够证明直销员的直销行为与本企业无关的除外。

第二十八条 直销企业应当依照国务院商务主管部门和国务院工商行政管理部门的规定，建立并实行完备的信息报备和披露制度。

直销企业信息报备和披露的内容、方式及相关要求，由国务院商务主管部门和国务院工商行政管理部门另行规定。

第五章 保 证 金

第二十九条 直销企业应当在国务院商务主管部门和国务院工商行政管理部门共同指定的银行开设专门账户，存入保证金。

保证金的数额在直销企业设立时为人民币2000万元；直销企业运营后，保证金应当按月进行调整，其数额应当保持在直销企业上一个月直销产品销售收入15%的水平，但最高不超过人民币1亿元，最低不少于人民币2000万元。保证金的利息属于直销企业。

第三十条 出现下列情形之一，国务院商务主管部门和国务院工商行政管理部门共同决定，可以使用保证金：

（一）无正当理由，直销企业不向直销员支付报酬，或者不向直销员、消费者支付退货款的；

（二）直销企业发生停业、合并、解散、转让、破产等情况，无力向直销员支付报酬或者无力向直销员和消费者支付退货款的；

（三）因直销产品问题给消费者造成损失，依法应当进行赔偿，直销企业无正当理由拒绝赔偿或者无力赔偿的。

第三十一条 保证金依照本条例第三十条规定使用后，直销企业应当在1个月内将保证金的数额补足到本条例第二十九条第二款规定的水平。

第三十二条 直销企业不得以保证金对外担保或者违反本条例规定用于清偿债务。

第三十三条 直销企业不再从事直销活动的，凭国务院商务主管部门和国务院工商行政管理部门出具的凭证，可以向银行取回保证金。

第三十四条 国务院商务主管部门和国务院工商行政管理部门共同负责保证金的日常监管工作。

保证金存缴、使用的具体管理办法由国务院商务主管部门、国务院工商行政管理部门会同有关部门另行制定。

第六章 监督管理

第三十五条 工商行政管理部门负责对直销企业和直销员及其直销活动实施日常的监督管理。工商行政管理部门可以采取下列措施进行现场检查：

（一）进入相关企业进行检查；

（二）要求相关企业提供有关文件、资料和证明材料；

（三）询问当事人、利害关系人和其他有关人员，并要求其提供有关材料；

（四）查阅、复制、查封、扣押相关企业与直销活动有关的材料和非法财物；

（五）检查有关人员的直销培训员证、直销员证等证件。

工商行政管理部门依照前款规定进行现场检查时，检查人员不得少于 2 人，并应当出示合法证件；实施查封、扣押的，必须经县级以上工商行政管理部门主要负责人批准。

第三十六条 工商行政管理部门实施日常监督管理，发现有关企业有涉嫌违反本条例行为的，经县级以上工商行政管理部门主要负责人批准，可以责令其暂时停止有关的经营活动。

第三十七条 工商行政管理部门应当设立并公布举报电话，接受对违反本条例行为的举报和投诉，并及时进行调查处理。

工商行政管理部门应当为举报人保密；对举报有功人员，应当依照国家有关规定给予奖励。

第七章 法律责任

第三十八条 对直销企业和直销员及其直销活动实施监督管理的有关部门及其工作人员，对不符合本条例规定条件的申请予以许可或者不依照本条例规定履行监督管理职责的，对直接负责的主管人员和其他直接责任人员，依法给予行政处分；构成犯罪的，依法追究刑事责任。对不符合本条例规定条件的申请予以的许可，由作出许可决定的有关部门撤销。

第三十九条 违反本条例第九条和第十条规定，未经批准从事直销活动的，由工商行政管理部门责令改正，没收直销产品和违法销售收入，处5万元以上30万元以下的罚款；情节严重的，处30万元以上50万元以下的罚款，并依法予以取缔；构成犯罪的，依法追究刑事责任。

第四十条 申请人通过欺骗、贿赂等手段取得本条例第九条和第十条设定的许可的，由工商行政管理部门没收直销产品和违法销售收入，处5万元以上30万元以下的罚款，由国务院商务主管部门撤销其相应的许可，申请人不得再提出申请；情节严重的，处30万元以上50万元以下的罚款，并依法予以取缔；构成犯罪的，依法追究刑事责任。

第四十一条 直销企业违反本条例第十一条规定的，由工商行政管理部门责令改正，处3万元以上30万元以下的罚款；对不再符合直销经营许可条件的，由国务院商务主管部门吊销其直销经营许可证。

第四十二条 直销企业违反规定，超出直销产品范围从事直销经营活动的，由工商行政管理部门责令改正，没收直销产品和违法销售收入，处5万元以上30万元以下的罚款；情节严重的，处30万元以上50万元以下的罚款，由工商行政管理部门吊销有违法经营行为的直销企业分支机构的营业执照直至由国务院商务主管部门吊销直销企业的直销经营许可证。

第四十三条 直销企业及其直销员违反本条例规定，有欺骗、误导等宣传和推销行为的，对直销企业，由工商行政管理部门处3万元以上10万元以下的罚款；情节严重的，处10万元以上30万元以下的罚款，由工商行政管理部门吊销有违法经营行为的直销企业分支机构的营业执照直至由国务院商务主管部门吊销直销企业的直销经营许可证。对直销员，由工商行政管理部门处5万元以下的罚款；情节严重的，责令直销企业撤销其直销员资格。

第四十四条 直销企业及其分支机构违反本条例规定招募直销员的，由工商行政管理部门责令改正，处3万元以上10万元以下的罚款；情节严重的，处10万元以上30万元以下的罚款，由工商行政管理部门吊销有违法经营行为的直销企业分支机构的营业执照直至由国务院商务主管部门吊销直销企业的直销经营许可证。

第四十五条 违反本条例规定，未取得直销员证从事直销活动的，由工商行政管理部门责令改正，没收直销产品和违法销售收入，可以处2万元以下的罚款；情节严重的，处2万元以上20万元以下的罚款。

第四十六条 直销企业进行直销员业务培训违反本条例规定的，由工商行政管理部门责令改正，没收违法所得，处3万元以上10万元以下的罚款；情节严重的，处10万元以上30万元以下的罚款，由工商行政管理部门吊销有违法经营行为的直销企业分支机构的营业执照直至由国务院商务主管部门吊销直销企业的直销经营许可证；对授课人员，由工商行政管理部门处5万元以下的罚款，是直销培训员的，责令直销企业撤销其直销培训员资格。

直销企业以外的单位和个人组织直销员业务培训的，由工商行政管理部门责令改正，没收违法所得，处2万元以上20万元以下的罚款。

第四十七条 直销员违反本条例第二十二条规定的，由工商行政管理部门没收违法销售收入，可以处5万元以下的罚款；情节严重的，责令直销企业撤销其直销员资格，并对直销企业处1万元以上10万元以下的罚款。

第四十八条 直销企业违反本条例第二十三条规定的，依照价格法的有关规定处理。

第四十九条 直销企业违反本条例第二十四条和第二十五条规定的，由工商行政管理部门责令改正，处5万元以上30万元以下的罚款；情节严重的，处30万元以上50万元以下的罚款，由工商行政管理部门吊销有违法经营行为的直销企业分支机构的营业执照直至由国务院商务主管部门吊销直销企业的直销经营许可证。

第五十条 直销企业未依照有关规定进行信息报备和披露的，由工商行政管理部门责令限期改正，处10万元以下的罚款；情节严重的，处10万元以上30万元以下的罚款；拒不改正的，由国务院商务主管部门吊销其直销经营许可证。

第五十一条 直销企业违反本条例第五章有关规定的，由工商行政管理部门责令限期改正，处10万元以下的罚款；拒不改正的，处10万元以上30万元以下的罚款，由国务院商务主管部门吊销其直销经营许可证。

第五十二条 违反本条例的违法行为同时违反《禁止传销条例》的，依照《禁止传销条例》有关规定予以处罚。

第八章　附　　则

第五十三条 直销企业拟成立直销企业协会等社团组织，

应当经国务院商务主管部门批准，凭批准文件依法申请登记。

第五十四条 香港特别行政区、澳门特别行政区和台湾地区的投资者在境内投资建立直销企业，开展直销活动的，参照本条例有关外国投资者的规定办理。

第五十五条 本条例自2005年12月1日起施行。

商务部市场秩序司负责人就《直销管理条例》颁布实施10周年有关情况答记者问

（2015年11月4日）

2015年11月4日，商务部市场秩序司负责人就贯彻落实《直销管理条例》和行业发展有关问题答记者问：

2005年国务院颁布《直销管理条例》至今已经10周年了。《条例》的实施，不仅奠定了直销行业发展的法规基础，也促进了直销行业10年来的发展。为全面了解直销行业发展取得的成效，以及在当前经济发展的新常态下，如何继续做好直销管理工作，推进直销行业改革创新、规范发展，为社会经济发展做出更大贡献，记者就贯彻实施《直销管理条例》和行业发展有关问题，专访了商务部市场秩序司负责人。

一、为什么颁布实施《直销管理条例》？

答：直销在中国从20世纪90年代到2005年，经历了无序发展、全面禁止及转型发展不同的发展阶段。2005年为履行我国加入世界贸易组织的承诺，取消对无固定地点的批发或零售服务在设立商业存在方面的限制，国务院颁布了《直销管理条例》，开放和规范了直销。同时还颁布了《禁止传销条例》，继续严厉打击传销。使直销在中国走上了依法规范的发展轨道。

二、《直销管理条例》的基本框架和直销的法律体系是什么？

答：根据《直销管理条例》规定，商务部负责直销企业的市场准入和行业管理，工商总局负责直销经营的日常监管。并明确了直销企业的设立变更、直销员的招募和培训、直销活动等规范，规定了保证金制度等，为直销业规范发展奠定了基础。

三、《直销管理条例》对行业发展的作用有哪些？

在《直销管理条例》的推动下，10 年来直销行业得到了健康稳步发展。企业经营总体规范，从业人员素质和直销的市场认可度不断提升，直销行业为促进消费、扩大就业、推动社会经济发展发挥了积极作用。

截至 2015 年 10 月底，全国 19 个省、自治区、直辖市，已有直销企业 71 家，囊括了多种所有制形式。经营区域遍布全国 30 个省、自治区、直辖市。共设立了 407 个省级分支机构和 1.3 万个服务网点，在册直销员人数超过 280 万人，销售的产品包括化妆品、保健食品、保洁用品、保健器材、小型厨具等五大类 3800 多个品种，其中，化妆品的种类最多，达到 3076 种。据统计，10 年来直销行业纳税额累计超过 300 亿元，而且逐年增长。2014 年，直销企业、直销员合计纳税将近 57 亿元。全行业共实现直销销售额 251 亿元。

四、商务部在贯彻实施《直销管理条例》加强行业管理方面主要做了哪些工作?

答：一是完善法规制度。10 年来，商务部和工商总局等部门密切配合，先后出台了 4 个部门规章、3 个公告及 10 多个规范性文件，建立了一套完整的具有中国特色的直销管理法规体系。二是严格市场准入。我部会同工商总局等部门建立了联合审查直销准入机制。保证审批的严肃性和规范性。三是加强政务公开。建立了商务部直销管理信息系统。公开服务指南和审批备案信息，开展企业经营情况统计，发布法律法规和行业发展报告，接受社会监督。四是开展业务培训和咨询服务。对各地商务主管部门开展有关直销行业管理的业务培训，接受社会各界关于直销业务和相关知识咨询。

五、如何继续深入贯彻《条例》，为直销行业发展营造良好环境?

答：在直销企业数量增加、规模扩大的同时，也不同程度地存在着各种问题，如行业总体规模仍然偏小、区域发展不平衡、企业人员流动率偏高、专业人才匮乏，部分直销企业夸大宣传，消费者权益保障力不够等。随着互联网和现代物流等科技和新常态经济环境的发展变化，直销业发展和行业管理也面临更多的挑战和机遇。对直销监管部门来说，即要扎实推进简政放权，为企业发展创造广阔的市场发展空间，也要强化事中事后监管，为企业营造良好规范的法制化营销环境，保证企业公平健康可持续发展。对直销行业来说，一方面企业应更加自觉遵守相关法律法规，加强行业自律和规范经营，另一方面也要坚持以市场需求为导向，不断改革创新，融合新技术和新手段，完善直销模式，在新常态下，充分发挥直销自有优势，为社会和经济发展贡献更大的力量。

禁止传销条例

（2005 年 8 月 23 日国务院令第 444 号公布　自 2005 年 11 月 1 日起施行）

第一章　总　　则

第一条　为了防止欺诈，保护公民、法人和其他组织的合法权益，维护社会主义市场经济秩序，保持社会稳定，制定本条例。

第二条　本条例所称传销，是指组织者或者经营者发展人员，通过对被发展人员以其直接或者间接发展的人员数量或者销售业绩为依据计算和给付报酬，或者要求被发展人员以交纳一定费用为条件取得加入资格等方式牟取非法利益，扰乱经济秩序，影响社会稳定的行为。

第三条　县级以上地方人民政府应当加强对查处传销工作的领导，支持、督促各有关部门依法履行监督管理职责。

县级以上地方人民政府应当根据需要，建立查处传销工作的协调机制，对查处传销工作中的重大问题及时予以协调、解决。

第四条　工商行政管理部门、公安机关应当依照本条例的规定，在各自的职责范围内查处传销行为。

第五条　工商行政管理部门、公安机关依法查处传销行为，应当坚持教育与处罚相结合的原则，教育公民、法人或者其他组织自觉守法。

第六条　任何单位和个人有权向工商行政管理部门、公安机关举报传销行为。工商行政管理部门、公安机关接到举报后，应当立即调查核实，依法查处，并为举报人保密；经调查属实的，依照国家有关规定对举报人给予奖励。

第二章　传销行为的种类与查处机关

第七条　下列行为，属于传销行为：

（一）组织者或者经营者通过发展人员，要求被发展人员发展其他人员加入，对发展的人员以其直接或者间接滚动发展的人员数量为依据计算和给付报酬（包括物质奖励和其他经济利益，下同），牟取非法利益的；

（二）组织者或者经营者通过发展人员，要求被发展人员交纳费用或者以认购商品等方式变相交纳费用，取得加入或者发展其他人员加入的资格，牟取非法利益的；

（三）组织者或者经营者通过发展人员，要求被发展人员发展其他人员加入，形成上下线关系，并以下线的销售业绩为依据计算和给付上线报酬，牟取非法利益的。

第八条　工商行政管理部门依照本条例的规定，负责查处本条例第七条规定的传销行为。

第九条　利用互联网等媒体发布含有本条例第七条规定的传销信息的，由工商行政管理部门会同电信等有关部门依照本条例的规定查处。

第十条 在传销中以介绍工作、从事经营活动等名义欺骗他人离开居所地非法聚集并限制其人身自由的，由公安机关会同工商行政管理部门依法查处。

第十一条 商务、教育、民政、财政、劳动保障、电信、税务等有关部门和单位，应当依照各自职责和有关法律、行政法规的规定配合工商行政管理部门、公安机关查处传销行为。

第十二条 农村村民委员会、城市居民委员会等基层组织，应当在当地人民政府指导下，协助有关部门查处传销行为。

第十三条 工商行政管理部门查处传销行为，对涉嫌犯罪的，应当依法移送公安机关立案侦查；公安机关立案侦查传销案件，对经侦查不构成犯罪的，应当依法移交工商行政管理部门查处。

第三章 查处措施和程序

第十四条 县级以上工商行政管理部门对涉嫌传销行为进行查处时，可以采取下列措施：

（一）责令停止相关活动；

（二）向涉嫌传销的组织者、经营者和个人调查、了解有关情况；

（三）进入涉嫌传销的经营场所和培训、集会等活动场所，实施现场检查；

（四）查阅、复制、查封、扣押涉嫌传销的有关合同、票据、账簿等资料；

（五）查封、扣押涉嫌专门用于传销的产品（商品）、工具、设备、原材料等财物；

（六）查封涉嫌传销的经营场所；

（七）查询涉嫌传销的组织者或者经营者的账户及与存款有关的会计凭证、账簿、对账单等；

（八）对有证据证明转移或者隐匿违法资金的，可以申请司法机关予以冻结。

工商行政管理部门采取前款规定的措施，应当向县级以上工商行政管理部门主要负责人书面或者口头报告并经批准。遇有紧急情况需要当场采取前款规定措施的，应当在事后立即报告并补办相关手续；其中，实施前款规定的查封、扣押，以及第（七）项、第（八）项规定的措施，应当事先经县级以上工商行政管理部门主要负责人书面批准。

第十五条 工商行政管理部门对涉嫌传销行为进行查处时，执法人员不得少于 2 人。

执法人员与当事人有直接利害关系的，应当回避。

第十六条 工商行政管理部门的执法人员对涉嫌传销行为进行查处时，应当向当事人或者有关人员出示证件。

第十七条 工商行政管理部门实施查封、扣押，应当向当事人当场交付查封、扣押决定书和查封、扣押财物及资料清单。

在交通不便地区或者不及时实施查封、扣押可能影响案件查处的，可以先行实施查封、扣押，并应当在 24 小时内补办查封、扣押决定书，送达当事人。

第十八条 工商行政管理部门实施查封、扣押的期限不得超过 30 日；案件情况复杂的，经县级以上工商行政管理部门主要负责人批准，可以延长15日。

对被查封、扣押的财物，工商行政管理部门应当妥善保管，不得使用或者损毁；造成损失的，应当承担赔偿责任。但是，因不可抗力造成的损失除外。

第十九条 工商行政管理部门实施查封、扣押，应当及时查清事实，在查封、扣押期间作出处理决定。

对于经调查核实属于传销行为的，应当依法没收被查封、扣押的非法财物；对于经调查核实没有传销行为或者不再需要查封、扣押的，应当在作出处理决定后立即解除查封，退还被扣押的财物。

工商行政管理部门逾期未作出处理决定的，被查封的物品视为解除查封，被扣押的财物应当予以退还。拒不退还的，当事人可以向人民法院提起行政诉讼。

第二十条 工商行政管理部门及其工作人员违反本条例的规定使用或者损毁被查封、扣押的财物，造成当事人经济损失的，应当承担赔偿责任。

第二十一条 工商行政管理部门对涉嫌传销行为进行查处时，当事人有权陈述和申辩。

第二十二条 工商行政管理部门对涉嫌传销行为进行查处时，应当制作现场笔录。

现场笔录和查封、扣押清单由当事人、见证人和执法人员签名或者盖章，当事人不在现场或者当事人、见证人拒绝签名或者盖章的，执法人员应当在现场笔录中予以注明。

第二十三条 对于经查证属于传销行为的，工商行政管理部门、公安机关可以向社会公开发布警示、提示。

向社会公开发布警示、提示应当经县级以上工商行政管理部门主要负责人或者公安机关主要负责人批准。

第四章 法律责任

第二十四条 有本条例第七条规定的行为，组织策划传销的，由工商行政管理部门没收非法财物，没收违法所得，处50万元以上200万元以下的罚款；构成犯罪的，依法追究刑事责任。

有本条例第七条规定的行为，介绍、诱骗、胁迫他人参加传销的，由工商行政管理部门责令停止违法行为，没收非法财物，没收违法所得，处10万元以上50万元以下的罚款；构成犯罪的，依法追究刑事责任。

有本条例第七条规定的行为，参加传销的，由工商行政管理部门责令停止违法行为，可以处2000元以下的罚款。

第二十五条 工商行政管理部门依照本条例第二十四条的规定进行处罚时，可以依照有关法律、行政法规的规定，责令停业整顿或者吊销营业执照。

第二十六条 为本条例第七条规定的传销行为提供经营场所、培训场所、货源、保管、仓储等条件的，由工商行政管理部门责令停止违法行为，没收违法所得，处5万元以上50万元以下的罚款。

为本条例第七条规定的传销行为提供互联网信息服务的，由工商行政管理部门责令停止违法行为，并通知有关部门依照《互联网信息服务管理办法》予以处罚。

第二十七条 当事人擅自动用、调换、转移、损毁被查封、扣押财物的，由工商行政管理部门责令停止违法行为，处被动用、调换、转移、损毁财物价值5%以上20%以下的罚款；拒不改正的，处被动用、调换、转移、损毁财物价值1倍以上3倍以下的罚款。

第二十八条 有本条例第十条规定的行为或者拒绝、阻碍工商行政管理部门的执法人员依法查处传销行为，构成违反治安管理行为的，由公安机关依照治安管理的法律、行政法规规定处罚；构成犯罪的，依法追究刑事责任。

第二十九条 工商行政管理部门、公安机关及其工作人员滥用职权、玩忽职守、徇私舞弊，未依照本条例规定的职责和程序查处传销行为，或者发现传销行为不予查处，或者支持、包庇、纵容传销行为，构成犯罪的，对直接负责的主管人员和其他直接责任人员，依法追究刑事责任；尚不构成犯罪的，依法给予行政处分。

第五章　附　　则

第三十条 本条例自2005年11月1日起施行。

直销企业保证金存缴、使用管理办法

（2005年11月1日商务部、国家工商行政管理总局令第22号公布　自2005年12月1日起施行）

第一条 根据《直销管理条例》第三十四条第二款规定，

制定本办法。

第二条 企业申请直销应提交其在指定银行开设的保证金专门账户凭证，金额为2000万元人民币。保证金为现金。

第三条 直销企业与指定银行签订的保证金专门账户协议应包括下述内容：

（一）指定银行根据商务部和国家工商行政管理总局（以下简称工商总局）的书面决定支付保证金；

（二）直销企业不得违反《直销管理条例》擅自动用保证金，不得以保证金对外担保或者违反《直销管理条例》规定用于清偿债务；

（三）指定银行应及时向商务部和工商总局通报保证金账户情况，商务部和工商总局可以查询直销企业保证金账户；

（四）直销企业和指定银行的权利义务及争议解决方式。

企业在申请设立时应提交与指定银行签署的开设保证金专门账户协议。

第四条 直销企业开始从事直销经营活动3个月后，保证金金额按月进行调整。直销企业于次月15日前将其上月销售额的有效证明文件向指定银行出具，并通过直销行业管理网站向商务部和工商总局备案。直销企业对出具的证明文件的真实性、完整性负责，指定银行应当对证明文件进行形式审查。

直销企业保证金金额保持在直销企业上月直销产品销售收入的15%水平。账户余额最低为2000万元人民币，最高不超过1亿元人民币。

根据直销企业月销售额，如需调增保证金金额的，直销企业应当在向指定银行递交月销售额证明文件后5日内将款项划转到其指定银行保证金账户；如需调减保证金金额的，按企业与指定银行签订的协议办理。

第五条 出现下列情形之一，商务部和工商总局共同决定，可以使用保证金：

（一）无正当理由，直销企业不向直销员支付报酬，或者不向直销员、消费者支付退货款的；

（二）直销企业发生停业、合并、解散、转让、破产等情况，无力向直销员支付报酬或者无力向直销员和消费者支付退货款的；

（三）因直销产品问题给消费者造成损失，依法应当进行赔偿，直销企业无正当理由拒绝赔偿或者无力赔偿的。

第六条 直销员或消费者根据《直销管理条例》和本办法第五条规定要求使用保证金的，应当持法院生效判决书或调解书，向省级商务主管部门或工商行政管理部门提出申请，省级商务主管部门或工商行政管理部门接到申请后 10 个工作日内将申请材料报送商务部和工商总局。

直销员除持法院生效判决书、调解书外，还应出示其身份证、直销员证及其与直销企业签订的推销合同。消费者除持法院生效判决书、调解书外，还应出示其身份证、售货凭证或发票。

商务部和工商总局接到申请材料后 60 个工作日内做出是否使用保证金支付赔偿的决定，并书面通知指定银行、直销企业和保证金使用申请人。

直销员违反《禁止传销条例》有关规定的，其申请不予受理。

第七条 根据本办法规定支付保证金后，直销企业应当自支付之日起30日内将其保证金专门账户的金额补足到本办法第四条第二款规定的水平。

第八条 直销企业保证金使用情况应当及时通过商务部和工商总局直销行业管理网站向社会披露。

第九条 直销企业不再从事直销活动的，凭商务部和工商总局出具的书面凭证，可以向指定银行取回保证金。

企业申请直销未获批准的，凭商务部出具的书面凭证到指定银行办理保证金退回手续。

第十条 直销企业违反本办法规定的，按照《直销管理条例》第五十一条予以处罚。

第十一条 商务部和工商总局共同负责直销保证金的日常监管工作。

第十二条 本办法由商务部、工商总局负责解释。

第十三条 本办法自2005年12月1日起施行。

直销员业务培训管理办法

（2005年11月1日商务部、公安部、国家工商行政管理总局令第23号公布　自2005年12月1日起施行）

第一条 根据《直销管理条例》第二十一条第三款规定，制定本办法。

第二条 在中华人民共和国境内举办直销员业务培训（以下简称直销培训）及考试活动，适用本办法。

第三条 本办法所称直销培训，是指直销企业对本企业拟招募的直销员和本企业的直销员进行国家相关法律法规规章、直销基础知识等各种培训活动。

本办法所称直销员考试是指直销企业对本企业拟招募的直销员的考试。

第四条 直销企业向符合《直销管理条例》规定条件的直销员、直销培训员颁发《直销员证》、《直销培训员证》。

直销企业应在每月15日前将本企业上一个月取得《直销培训员证》的人员名册，通过企业所在地省级商务主管部门向商务部备案。未经备案的人员，不得对直销员开展培训。直销培训员只能接受所属企业指派进行培训。

《直销员证》、《直销培训员证》由直销企业按商务部制定的规范式样印制。

第五条 直销员向消费者推销产品时、直销培训员在进行直销培训活动时，应佩戴《直销员证》、《直销培训员证》。

不得伪造、变造、涂改、出租、出借、转让、出卖《直销员证》、《直销培训员证》。

第六条 直销培训内容以《直销管理条例》、《禁止传销条例》、《合同法》、《消费者权益保护法》、《产品质量法》、《反不正当竞争法》等法律法规中的相关内容、直销员道德规范、直销风险揭示以及营销方面的知识为主。

直销员考试应含有上款所规定的内容。

第七条 直销企业进行直销培训和考试，不得收取任何费用。其他单位和个人，不得以任何名义组织直销培训和考试。

第八条 直销培训不得宣扬迷信邪说、色情、淫秽或者渲染暴力；不得扰乱社会秩序，破坏社会稳定；不得对企业产品进行夸大、虚假宣传，贬低同类其他产品，强迫参加培训的人员购买产品；不得以任何方式宣扬直销员以往的收入情况，宣扬大多数参与者将获得成功；不得从事违反国家宪法、法律法规和国家规定禁止的其他活动。

直销企业不得以召开研讨会、激励会、表彰会等形式变相对直销员进行培训。

第九条 直销企业应在本企业设有服务网点的地区组织直销培训。直销培训不得在政府、军队、学校、医院的场所及居民社区、私人住宅内举办。

第十条 直销企业应于直销培训或考试活动 7 日前将培训或考试计划（包括培训时间、具体地点、内容、人数及直销培训员、培训资料和考试时间、地点、人数）在直销企业中文网站上公布。

第十一条 直销企业应当对每期直销培训讲授内容进行录音，完整保存参加培训的人员名单、直销员考试试卷。录音资料、直销员考试试卷应妥善保管，至少保存 3 年。

第十二条 直销企业应当于每年 1 月底前将上一年度举办的直销培训及考试情况通过企业所在地省级商务、工商主管部门报商务部、国家工商行政管理总局备案。备案内容包括：上一年度举办培训期数（每次培训时间、地点、参加人数、直销培训员、培训资料的名称）、上一年度举办考试次数（每次考试时间、地点、试卷、参加人数、合格人数）。

第十三条 商务部门、工商行政管理部门依照《直销管理条例》和本办法负责对直销培训进行监管；商务部负责制定《直销员证》、《直销培训员证》的规范式样。

第十四条 参加直销培训的人员，如发现直销企业组织的培训、直销培训员讲授的内容违反法律法规或本办法的规定，有权当场指出，并向培训所在地县级以上工商行政管理部门举报。

第十五条 直销企业、直销培训员进行直销培训，违反《直销管理条例》或本办法的，以及直销企业以外的单位和个人组织直销培训的，按照《直销管理条例》第四十六条规定予以查处。

第十六条 直销企业开展直销培训和考试活动，构成违反治安管理行为的，由公安机关依法予以查处；构成犯罪的，依法追究其刑事责任。

第十七条 各级商务、工商、公安机关应建立联系制度，定期通报直销企业培训和查处违规培训情况。

第十八条 本办法自 2005 年 12 月 1 日起施行。

直销企业信息报备、披露管理办法

（2005 年 11 月 1 日商务部、国家工商行政管理总局令第 24 号公布　自 2005 年 12 月 1 日起施行）

第一条 根据《直销管理条例》第二十八条规定，制定本办法。

第二条 直销企业应建立完备的信息报备和披露制度，并接受政府相关部门的监管检查和社会公众的监督。

第三条 商务部和国家工商行政管理总局（以下简称工商总局）直销行业管理网站向社会公布下列内容：

（一）有关法律、法规及规章；

（二）直销产品范围公告；

（三）直销企业名单及其直销产品名录；

（四）直销企业省级分支机构名单及其从事直销的地区、服务网点；

（五）直销企业保证金使用情况；

（六）直销员证、直销培训员证式样；

（七）直销企业、直销培训员及直销员违规及处罚情况；

（八）其他需要公布的信息。

第四条 直销企业通过其建立的中文网站向社会披露信息。直销企业建立的中文网站是直销企业信息报备和披露的重要组成部分，并应在取得直销经营许可证之日起 3 个月内与直销行业管理网站链接。

第五条 直销企业设立后应真实、准确、及时、完整地向社会公众披露以下信息：

（一）直销企业直销员总数，各省级分支机构直销员总数、名单、直销员证编号、职业及与直销企业解除推销合同人员名单；

（二）直销企业及其分支机构名称、地址、联系方式及负责人，服务网点名称、地址、联系方式及负责人；

（三）直销产品目录、零售价格、产品质量及标准说明书，以及直销产品的主要成分、适宜人群、使用注意事项等应当让消费者事先知晓的内容。

根据国家相关规定直销产品应符合国家认证、许可或强制性标准的，直销企业应披露其取得相关认证、许可或符合标准的证明文件；

（四）直销员计酬、奖励制度；

（五）直销产品退换货办法、退换货地点及退换货情况；

（六）售后服务部门、职能、投诉电话、投诉处理程序；

（七）直销企业与直销员签订的推销合同中关于直销企业和直销员的权利、义务，直销员解约制度，直销员退换货办法，计酬办法及奖励制度，法律责任及其他相关规定；

（八）直销培训员名单、直销员培训和考试方案；

（九）涉及企业的重大诉讼、仲裁事项及处理情况。

上述内容若有变动，直销企业应在相关内容变动（涉及行政许可的应在获得许可）后1个月内及时更新网站资料。

第六条 直销企业设立后，每月15日前须通过直销行业管理网站向商务部、工商总局报备以下上月内容：

（一）保证金存缴情况；

（二）直销员直销经营收入及纳税明细情况；

1. 直销员按月直销经营收入及纳税金额；

2. 直销员直销经营收入金额占直销员本人直接向消费者销售产品收入的比例。

（三）企业每月销售业绩及纳税情况；

（四）直销培训员备案；

（五）其他需要报备的内容。

第七条 直销企业应于每年4月份以企业年报的方式公布

本办法第五条所列内容。

第八条 直销企业及直销员所使用的产品说明和任何宣传材料须与直销企业披露的信息内容一致。

第九条 直销企业未按照《直销管理条例》和本办法进行信息披露，或直销企业披露的信息存在虚假、严重误导性陈述或重大遗漏的，按照《直销管理条例》第五十条规定予以处罚。

第十条 本办法由商务部和工商总局负责解释。

第十一条 本办法自 2005 年 12 月 1 日起实施。

直销行业服务网点设立管理办法

（2006 年 9 月 21 日商务部令第 20 号公布　自 2006 年 10 月 20 日起施行）

第一条 为规范直销行为，加强对直销活动的监管，根据《直销管理条例》（以下简称《条例》），制定本办法。

第二条 申请企业提交的申请材料应包含其在拟从事直销地区的服务网点方案。服务网点方案应符合下列条件：

（一）便于满足最终消费者、直销员了解商品性能、价格和退换货等要求；

（二）服务网点不得设在居民住宅、学校、医院、部队、政府机关等场所；

（三）符合当地县级以上（含县级）人民政府关于直销行业服务网点设立的相关要求。

第三条 商务部以市/县为批准从事直销活动的基本区域单位。对于设区的市，申报企业应在该市的每个城区设立不少于一个服务网点，在该市其他区/县开展直销活动应按本办法申报。

县级以上（含县级）商务主管部门应当根据《条例》第十条第二款对申请企业提交的服务网点方案进行审查。经审查同意的，应当向省级商务主管部门出具该服务网点方案符合本办法第二条相关规定的书面认可函（标准格式见附件1）。

第四条 省级商务主管部门向商务部转报企业申请材料时，应当同时出具对服务网点方案的确认函（标准格式见附件2）。确认函应当包含下列内容：

（一）企业服务网点方案经所在地区/县级以上（含县级）商务主管部门认可；

（二）该企业在本省拟从事直销业务区域内的服务网点方案符合《条例》第十条第二款规定的条件。

第五条 依法取得直销经营许可证的企业应当于批准文件下发之日起6个月内按其上报并经商务部核准的服务网点方案完成服务网点的设立。6个月内未能按商务部核准的服务网点方案完成服务网点设立的企业，不得在未完成服务网点方案的地区从事直销业务，该企业若要在上述地区开展直销业务，应按《条例》规定另行申报。

第六条 有关省、自治区、直辖市商务主管部门应会同服务网点所在地的区/县级以上（含县级）商务主管部门，根据《条例》及有关规定对直销企业在该省、自治区、直辖市内已设立的服务网点进行核查，并将全省、自治区、直辖市核查结果一次性报商务部备案。商务部备案后通过直销行业管理网站公布直销企业可从事直销业务的地区及服务网点。直销企业不得在未完成核查和备案前开展直销活动。

第七条 直销企业可根据业务发展需要增加服务网点，在已批准从事直销的地区增加服务网点不需要报批，但应当将增设方案通过省级商务主管部门报商务部备案。商务部备案后通过直销行业管理网站公布直销企业在已批准从事直销的地区增加的服务网点。

地方商务主管部门可根据《条例》第十条第二款要求直销企业在本地区增加服务网点，但应说明理由。

直销企业调整服务网点方案，减少服务网点应报原审批部门批准，并按规定备案。

第八条 违反本办法规定的，按照《条例》第三十九条规定予以处罚。

第九条 相关商务主管部门及其工作人员必须依法履行职责，进行服务网点设立管理工作，违反《条例》及本办法规定的，按照《条例》第三十八条规定予以处罚。

第十条 本办法由商务部负责解释。

第十一条 本办法自2006年10月20日起实施。

附件1：

关于××（申请直销企业名称）服务网点认可函

××省/直辖市/自治区商务主管部门名称：

经研究，××（申报直销企业名称）在本县/市/区设立的服务网点方案可便于并满足本县/市/区消费者、直销员了解×

×（申报直销企业名称）产品性能、价格和退换货的要求，且服务网点未设在居民住宅、学校、医院、部队、政府机关等场所。

附：××（申报直销企业名称）申报的服务网点方案

县/市/区商务主管部门（盖章）

年　月　日

附件2：

关于××（申请直销企业名称）服务网点确认函

商务部：

一、××（申报直销企业名称）拟在我省/直辖市/自治区从事直销业务，业务范围涉及YY、YY……〔县/市/区地区名称〕，并已向上述县/市/区上报了服务网点方案。

二、××（申报直销企业名称）上报的服务网点方案已分别经上述县/市/区商务主管部门认可，并出具了认可函。

三、××（申报直销企业名称）在我省（直辖市/自治区）拟从事直销业务区域的服务网点方案符合《直销管理条例》第十条第二款规定的条件。

四、本确认函已得到我省（直辖市/自治区）商务（厅/委/局）主管领导的审定。

省级商务主管部门（盖章）

年　月　日

国家工商行政管理总局
关于加强直销监督管理工作的意见

（2007 年 11 月 28 日　工商直字〔2007〕263 号）

各省、自治区、直辖市及计划单列市工商行政管理局：

《直销管理条例》颁布实施以来，各级工商行政管理机关认真履行职责，直销监督管理工作稳步推进。随着直销市场的开放，在市场和监督管理工作中出现了一些新情况、新问题。按照“监管与发展统一、监管与服务统一、监管与维权统一、监管与执法统一”的要求，根据《直销管理条例》及有关法律、法规规定，现就加强直销监督管理工作提出如下意见：

一、依法对直销企业进行登记管理

1. 明确登记范围。工商行政管理机关应当依法对直销企业、直销企业的省级分支机构及直销企业设立的从事直销业务之外经营活动的其他分支机构进行登记管理。直销企业在其从事直销活动区域内设立的开展产品价格展示、介绍、退换货及仅为直销员销售需要而提供储货、发货等其他服务的服务网点，不从事经营活动的，不需要在工商行政管理机关注册登记。

2. 规范名称核准。直销企业从事直销业务的省级分公司名称按照“直销企业名称 + 所在省（自治区、直辖市）名称 + 分公司”核准。

3. 核定经营项目。直销企业经营范围中直销经营项目，应当载明直销区域和直销产品范围，文字表述方式为“在经批准的区域内（具体见《直销经营许可证》或政府直销行业管理网站）招募、培训直销员，直销本企业生产产品以及其母公司、控股公司生产产品（具体产品种类限于《直销经营许可证》或政府直销行业管理网站公布的产品目录）”。

4. 严格登记管辖。取得直销经营许可的企业，由该企业的原登记机关负责办理变更登记；直销企业设立的从事直销业务的省级分公司，由分公司所在地的省级工商行政管理机关负责登记。

5. 统一法律适用。工商行政管理机关对于直销企业、直销企业的省级分支机构及直销企业设立的从事直销业务之外经营活动的其他分支机构违反登记管理规定的，应当按照登记管理的有关规定处罚。

二、加强对直销企业直销员招募、培训和计酬的监督管理

6. 监督直销员招募活动。工商行政管理机关要监督并指导直销企业及其省级分支机构依法招募直销员，指导直销企业把好招募人员资格审核关，防止《直销管理条例》禁止的人员进入直销员队伍。严肃查处下列违法行为：

（1）直销企业及其省级分支机构违反规定招募直销员的；

（2）直销企业在招募活动中出现欺骗、误导等宣传行为的；

（3）以缴纳费用或者购买商品作为成为直销员的条件的。

7. 监督直销员业务培训活动。直销员业务培训活动的主体只能是直销企业，直销企业可以委托其省级分支机构协助组织直销员业务培训活动。工商行政管理机关要监督直销企业按照《直销管理条例》及《直销员业务培训管理办法》的规定组织直销员业务培训、考试和发证工作。监督检查直销企业的直销培训员是否持证上岗。严肃查处直销企业以外的单位和个人从事直销员业务培训活动。要加强对直销员业务培训内容、网上培训的监督管理，直销员业务培训内容要符合法律规定，指导直销企业网上培训依法进行，并保证参加网上培训、考试人员与所招募直销员的一致性。

8. 监督计酬行为。监督直销企业按照《直销管理条例》的规定，建立健全并实施计酬制度。工商行政管理机关要注意及时掌握企业有关报备信息，了解掌握直销员的销售情况和企业计酬情况，重点了解掌握直销企业及其分支机构发放给直销员的报酬总额是否超过该直销员直接销售额规定比例的情况。严肃查处团队计酬行为。

三、加强网上监督管理

9. 查阅企业报备信息。直销企业注册地及注册所在地省级工商行政管理机关可以查阅在本辖区注册的直销企业报备信息；直销活动地省级工商行政管理机关可以查阅在本辖区开展直销活动的直销企业报备的基本信息和在本辖区的直销活动信息。直销活动地区的省级以下工商行政管理机关在办理案件时需要查阅直销企业报备信息的，由省级工商行政管理机关制定具体办法。工商行政管理机关及其工作人员要切实保护企业的商业秘密，依职权获得的直销企业信息，仅用于直销监督管理工作，不得向其他无关人员或部门泄露。

10. 报备披露信息监督管理管辖。直销企业注册地省级工商行政管理机关负责指导直销企业注册地工商行政管理机关监督管理本辖区直销企业报备、披露信息，查处报备、披露信息中的违法行为。其他地方工商行政管理机关发现直销企业信息报备、披露中发布虚假信息及严重误导性陈述或者遗漏重大信息的，应当将线索和证据移送直销企业注册地工商行政管理机关。

四、建立健全直销监督管理工作机制

11. 建立日常监督管理机制。各级工商行政管理机关要认真按照《直销管理条例》和有关法律、法规、规章的规定，积极探索日常监督管理方式，建立健全日常监督管理机制。

12. 建立警示提示制度。各级工商行政管理机关发现直销企业出现问题苗头，要适时提醒；对出现问题的企业要及时指正，提出告诫，督促企业整改；对投诉举报的处理要定期公布；在对涉嫌违法直销及传销行为认真查处后，对典型案件要择机公布。

13. 建立信息沟通机制。建立直销监督管理信息报送制度。省级工商行政管理局要重点掌握本辖区查办案件的情况和监督管理工作中发现的重大问题，并及时向国家工商行政管理总局报告。要加强与有关部门沟通，定期交流直销企业准入和直销市场监督管理情况。要加强与工商行政管理机关内部其他职能部门的联系，及时掌握相关情况。

14. 建立直销企业信用分类监管制度。根据实施企业信用监督管理的要求，汇集直销企业市场准入、经营行为和市场退出等方面的信用指标，设定守信、警示、失信、严重失信 4 个等级标准，将直销企业的诚信记录和不良记录纳入信用监督管理系统，作为评价直销企业信用等级、实施分类管理的重要依据。促进直销企业的诚信经营、守法经营。

五、依法查处擅自从事直销等违法行为，严厉打击传销违法活动

15. 工商行政管理机关依法重点查处下列违法行为：

（1）未获得直销经营许可从事直销员招募活动的；

（2）未获得直销经营许可从事直销员培训活动的；

（3）未获得直销经营许可从事直销销售活动的；

（4）直销企业超出批准区域从事直销活动的；

（5）直销企业超出产品核准范围直销产品的；

（6）直销企业未完成服务网点备案从事直销活动的。

16. 工商行政管理机关在查处违法从事直销活动的同时，要严厉打击以“直销”、“连锁销售”、“特许经营”等名义从事传销的违法行为。

六、按照管辖权限开展监督管理工作

17. 国家工商行政管理总局负责研究拟定直销监督管理的规章制度及具体措施、办法；按照职责分工和法律规定负责对直销企业和直销员及其直销活动实施监督管理；组织查处违法直销大要案件；指导地方各级工商行政管理机关开展直销监督管理工作。

18. 省级工商行政管理机关负责指导协调本辖区工商行政管理机关开展直销监督管理工作，制定有关制度；组织开展对本辖区直销企业或者直销企业省级分支机构的行政指导；受理举报投诉，依职权查处本辖区内发生的违反《直销管理条例》的重大、复杂案件。根据需要，可以确定本辖区各级工商行政管理机关案件管辖的具体权限。

19. 市、县级工商行政管理机关负责对直销企业在本辖区直销活动的日常监督管理；受理有关直销活动的举报投诉；依职权查处本辖区内发生的违反《直销管理条例》的案件。其中，对直销企业涉嫌违反《直销管理条例》、《禁止传销条例》规定需要立案调查的，应当报省级工商行政管理机关备案。

20. 企业注册地工商行政管理机关除履行级别管辖规定职责外，还应当负责建立在本辖区注册的直销企业管理档案，并对其进行行政指导；督促直销企业真实、准确、及时、完整地进行信息报备和披露；负责直销企业在网站发布违法信息的案件查处工作。

七、切实加强执法队伍建设

21. 提高政治素质。要牢固树立正确的世界观、人生观、价值观，牢记党的宗旨，努力做到“四个统一”，为人民掌好权、用好权。要加强社会主义思想道德教育和职业道德教育，增强政治意识和大局意识，培养良好的职业操守。

22. 提高业务素质。要加强对法律、经济和管理等知识的学习，加强对直销监督管理工作中新问题、新情况的研究。加强对办公自动化、信息网络技术、电子政务等知识的学习，研究掌握网上监督管理、信用分类管理、行政指导等业务本领。严格规范执法行为。

23. 加强作风建设。要大力开展党的优良传统教育，倡导良好风气，增强忧患意识、公仆意识，弘扬求真务实精神。要加强党风廉政建设，落实有关制度和各项纪律规定，不断增强宗旨意识和廉政意识，做到严格自律，廉洁从政，公平执法。

打击传销规范直销信息系统使用管理暂行规定

（2011年11月3日　工商直字〔2011〕214号）

第一章　总　　则

第一条　为规范“打击传销规范直销信息系统”的管理及使用，有效发挥信息系统在打击传销规范直销工作中的作用，保证信息系统正常运行和信息资源安全，制定本规定。

第二条　本规定所称“打击传销规范直销信息系统”（以下简称信息系统），是国家工商行政管理总局综合业务管理系统的重要组成部分，是依据《禁止传销条例》、《直销管理条例》、《直销企业信息报备、披露管理办法》等相关规定开发的工商行政管理机关打击传销规范直销信息化工作平台。

第三条　本规定适用于管理和使用信息系统的单位和个人。

第二章　职　　责

第四条　信息系统的建设使用，按照统一领导、逐级负责、资源共享和安全保密的原则执行。

第五条　国家工商行政管理总局直销监督管理局和经济信息中心负责信息系统的建设和推广应用工作，履行下列职责：

（一）负责信息系统推广应用工作的组织协调和技术指导；

（二）负责制定信息系统建设的相关数据规范、技术标准，并组织实施；

（三）负责信息系统数据库的建设和维护；

（四）负责各省级工商行政管理机关上报数据的储存、审核、汇总及统计分析；

（五）负责各省信息的授权查阅与相关部门信息交换的沟通、组织、协调工作。

第六条 省、自治区、直辖市工商行政管理局（以下统称“省级工商行政管理局”）及副省级、地市级和县（区）级工商行政管理局负责辖区内信息系统的应用工作，履行下列职责：

（一）负责辖区内信息系统的应用工作，负责组织培训、指导并制定相应的管理制度；

（二）负责辖区内信息系统相关的数据规范和技术标准的运用；

（三）负责辖区内网络建设和技术保障，确保辖区各级工商行政管理机关的网络与国家工商行政管理总局网络的畅通；

（四）负责组织辖区内信息数据的录入、复核、审核、上报等相关工作和组织开展信息查询、汇总、统计分析工作；

（五）负责辖区内信息的授权查阅与辖区内相关部门信息交换的沟通、组织、协调工作。

第七条 各级工商行政管理机关应当加强信息系统应用过程中的组织协调、技术保障和使用管理工作，要保证录入数据的及时性、准确性和使用安全性，明确各职能机构的职责权限，确保信息系统联网畅通、数据完整，充分利用系统信息，发挥整体职能作用。

第三章　系统用户及权限管理

第八条　用户分类

信息系统的用户分为：系统管理员、工商行政管理系统用户和直销企业用户。

系统管理员：指各级工商行政管理机关为保证信息系统正常运行，指定负责管理信息系统运行的工作人员。包括：国家工商行政管理总局直销监督管理局管理员和省级工商行政管理局管理员、副省级工商行政管理局管理员、地市级工商行政管理局管理员和县（区）级工商行政管理局管理员；

工商行政管理系统用户：指经各级系统管理员授权的各级工商行政管理机关工作人员；

直销企业用户：指经国家工商总局直销监督管理局授权并负责向国家工商行政管理总局直销监督管理局报备企业信息的直销企业工作人员。

第九条　系统管理员权限

国家工商行政管理总局直销监督管理局管理员负责管理国家工商行政管理总局机关用户，同时负责直销企业用户的授权管理；

省级工商行政管理局管理员负责管理本省级局用户；

副省级、地市级工商行政管理局管理员负责管理本地市级工商局用户；

县（区）级工商行政管理局管理员负责管理本县（区）级局用户。

第十条　工商行政管理系统用户的管理

各级工商行政管理系统用户由各级系统管理员负责管理。

各级工商行政管理系统用户应采用实名制，用户姓名、所在机关、所在单位必须按规定准确填写。

各级工商行政管理系统用户应由参加过信息系统培训的工作人员担任，熟悉信息系统操作流程和管理规定，能够熟练运用信息系统各项功能开展打击传销规范直销工作，并应每天登录信息系统，及时处理信息数据。

第十一条 直销企业用户的管理

直销企业用户的管理由国家工商行政管理总局直销监督管理局另行规定。

第四章 数据采集报送

第十二条 各级工商行政管理机关在查办案件、取缔窝点、遣散人员时，要将采集、录入信息列为规定程序之一。按照“谁主管、谁负责”的原则，要确定专人，及时采集、录入、上报有关信息，并力求信息的真实、准确、及时、完整。

第十三条 内容和要求

各级工商行政管理机关需采集上报的信息主要包括：禁止传销工作总体情况、查处传销案件信息、参与传销人员信息、直销监管工作总体情况、直销监管案件信息、直销协查信息、举报投诉信息等。

（一）禁止传销工作总体情况

禁止传销工作总体情况主要包括辖区内各级工商行政管理机关查处传销案件总数、案值以及查处违法主体情况等数据。

省以下各级工商行政管理机关将采集、汇总的禁止传销工作总体情况信息按规定格式录入系统后，逐级上报至省级工商行政管理局审核。审核通过后，由省级工商行政管理局汇总辖区总体情况按季上报国家工商行政管理总局直销监督管理局（每季度第一个月10日前报上季度数据）。

（二）查处传销案件信息

查处传销案件信息是指各省（自治区、直辖市）及以下工商行政管理机关立案查处的传销案件相关信息。

省以下各级工商行政管理机关在案件查结之日起5个工作日内将查处传销案件信息录入系统，逐级上报至省级工商行政管理局审核（每级审核时间为5个工作日）。省级工商行政管理局应在收到上报信息5个工作日内进行审核，并将审核通过的信息汇总上报国家工商行政管理总局直销监督管理局。需要转请相关省市进一步调查的应在结案后10个工作日内汇总上报。组织宣传报道的案件，应在结案后，宣传报道前上报。

（三）参与传销人员信息

参与传销人员信息是指各省（自治区、直辖市）及以下工商行政管理机关在开展打击传销工作中查处的各类参与传销人员的基本信息。主要包括姓名、身份、性别、证件类型、证件号码、身份证登记地址、查处机关、查处日期、处理结果等。

省以下各级工商行政管理机关在案件查结或整治行动等工作结束后5个工作日内，将涉及的各类参与传销人员信息录入系统，逐级上报至省级工商行政管理局进行审核（每级审核时间为5个工作日）。省级工商行政管理局应在收到上报信息5个工作日内进行审核，并将审核通过的信息汇总上报国家工商行政政管理总局直销监督管理局。

（四）直销监管总体情况

直销监管工作总体情况主要包括辖区内各级工商行政管理机关查处违规直销案件及其他查处直销企业案件总数、案值以及查处违法主体情况等。

省以下各级工商行政管理机关将采集、汇总的本辖区信息按规定格式录入系统后，逐级上报至省级工商行政管理局审核。审核通过后，由省级工商行政管理局汇总辖区总体情况按季上报国家工商行政管理总局直销监督管理局（每季度第一个月10日前报上季度数据）。

（五）直销监管案件信息

直销监管案件信息主要包括：对直销企业作出的行政处罚案件信息；对直销企业分公司作出的行政处罚案件信息；对直销企业经销商、店铺作出的行政处罚案件信息；对直销企业培训员、直销员作出的行政处罚案件信息；直销企业及其分支机构、直销员、经销商从事传销受到处罚的案件信息；其他依据《直销管理条例》作出的行政处罚案件信息。

省级工商行政管理局拟对直销企业、直销企业分公司进行行政处罚的案件，在正式立案后10个工作日内，先行书面向国家工商行政管理总局直销监督管理局报送简要情况，在行政处罚决定书作出后10个工作日内，再将行政处罚决定书录入系统并报送国家工商行政管理总局直销监督管理局。

省以下各级工商行政管理机关拟对直销企业、直销企业分公司进行行政处罚的案件，在正式立案后10个工作日内，先行通过省级工商行政管理局向国家工商行政管理总局直销监督管理局报送简要情况，在行政处罚决定书作出后10个工作日内录入系统，并逐级上报至省级工商行政管理局审核。省级工商行政管理局在收到行政处罚决定书10个工作日内报送国家工商行政管理总局直销监督管理局。

（六）直销协查信息

直销协查信息是指各级工商行政管理机关协助查明申请直销企业（或申请扩大直销区域企业）从事经营活动过程中的涉案及违法违章行为信息。

省级工商行政管理局接到国家工商行政管理总局直销监督管理局的协查通知后，应根据要求及时了解掌握企业的违法经营行为信息，并在规定时限内录入信息系统上报国家工商行政管理总局直销监督管理局。

（七）直销报备信息

直销报备信息是指《直销企业信息报备、披露管理办法》中所规定的信息内容，包括直销员信息、直销企业及其分支机构信息、直销产品信息等。

1. 直销企业注册地省级工商行政管理局负责指导直销企业注册地工商行政管理局监督管理本辖区内直销企业报备披露信息，指导本系统结合报备披露信息开展监管工作。

2. 直销企业注册地工商行政管理机关对本辖区内直销企业的报备披露信息进行监督管理；对直销企业未依照有关规定报备披露相关信息，以及报备披露信息有虚假、严重误导性陈述或重大遗漏的，应依法进行查处。

3. 直销活动地省级工商行政管理局负责指导本系统结合报备披露信息开展监管工作。

4. 直销活动地各级工商行政管理机关应当充分利用信息系统，加强对报备信息的统计分析，掌握辖区内直销经营情况，开展网上巡查，加大对直销招募、培训、考试、计酬等重点环节以及直销企业及其分支机构、直销员、直销培训员等重点对象的监管力度，完善监管档案，提高监管效率。

5. 直销活动地工商行政管理机关发现直销企业信息报备披露中发布虚假、严重误导性陈述或者遗漏重大信息的，应当及时将线索和证据移送直销企业注册地工商行政管理机关。

（八）举报投诉信息

举报投诉信息包括上级工商行政管理机关录入批转、本级工商行政管理机关接受举报投诉录入或社会群众从外网直接举报投诉通过系统自动分发的信息。

各级工商行政管理机关应指定专人按照以下要求，负责举报投诉信息的处理：

1. 对一般举报投诉信息，应在接收到举报投诉信息 15 个工作日内按规定程序进行处理并填写处理结果；

2. 对于上级工商行政管理机关要求报送处理结果的举报投诉，各级工商行政管理机关应及时组织处理并审核处理结果，按规定时限要求逐级上报；

3. 如接收的举报投诉发生地不属于本辖区管理范围，应在 5 个工作日内退回上一级工商行政管理机关重新分发，并在分发退回栏注明退回原因；

4. 对无从查证的举报投诉信息或无效信息，可以不予受理，但应在不予受理栏填写具体原因；

5. 对举报投诉案件的处理结果，各级工商行政管理机关认为有必要上报的，可以逐级上报至国家工商行政管理总局直销监督管理局。

第五章 数据应用

第十四条 各级工商行政管理机关应当充分利用打击传销规范直销信息数据，加强统计分析和部门之间信息沟通，及时了解掌握传销、直销动态，提高打击传销规范直销工作的效能。

第十五条 工商行政管理机关在办理传销案件、查处传销行为时，可登录信息系统，将涉嫌传销的组织或当事人的信息与信息系统存储信息进行查询比对，发现是否存在多次参与传销的情况。工商行政管理机关打击传销规范直销工作部门，应当每天登录信息系统，及时处理信息。

第十六条 省级工商行政管理局应依托信息系统，定期分析辖区内传销人员流入地区、流出地区分布情况，建立和完善传销人员流动情况通报机制，加大对辖区内重点区域、重点人群传销活动防范力度，实现有效监控。

第十七条 各级工商行政管理机关应充分利用直销企业披露信息和授权查阅的相关信息，开展直销监督管理工作。

第十八条 各级工商行政管理机关可以按照授权查询辖区外及其他部门提供的有关信息，使用共享数据应保证信息系统数据的合法运用和安全。

第十九条 各省级工商局可以向国家工商行政管理总局直销监督管理局提出书面申请，经同意授权后，可下载本省的打击传销规范直销信息。

第六章　安全保密与奖惩

第二十条　各级工商行政管理机关应牢固树立安全保密观念，严格执行有关信息安全管理规定，确保信息系统网络安全和数据安全。

第二十一条　本信息系统中的打击传销规范直销工作数据信息仅限于各级工商行政管理机关内部使用。对于不宜公开的信息要严格执行政务信息公开相关规定，在业务工作中依法予以限制。

第二十二条　任何单位和个人不得擅自复制、刻录或抄摘、转发信息系统中的涉密信息，不得把不宜公开信息私自带出工作场所或提供无关人员查阅、抄录。

第二十三条　国家工商行政管理总局直销监督管理局和经济信息中心适时对各级工商行政管理机关推广应用信息系统情况进行跟踪检查；信息录入情况将纳入年度打击传销综合治理工作进行考评。

第二十四条　对在信息系统推广应用工作中做出突出成绩的单位和个人给予通报表扬。

第二十五条　未按本规定要求采集、上报打击传销规范直销数据，或者采集、上报的数据有错误，导致使用的工商行政管理机关工作失误的，由采集、上报该数据的工商行政管理机关承担相应的责任。

第二十六条　未按本规定使用打击传销规范直销数据，特别是未按规定使用了依法应当限制的相关数据，导致工作失误或泄密的，由使用数据的工商行政管理机关承担相应的责任。

第二十七条 对其他违反相关管理规定造成工作重大失误或严重影响工作开展的单位或个人，依照有关规定给予通报批评或处分。

第七章 附 则

第二十八条 各级工商行政管理机关应严格执行本规定，切实把信息系统的推广应用作为建立打击传销规范直销长效监管机制的重要手段，确保信息系统高效、安全、稳定、畅通运行。

第二十九条 各省级工商行政管理局可参照本规定，结合工作实际制定本辖区范围内信息系统使用管理相关规定。

第三十条 本规定由国家工商行政管理总局直销监督管理局、经济信息中心负责解释。

第三十一条 本规定自颁布之日起施行。

国家工商行政管理总局关于印发《直销企业履行社会责任指引》的通知

（2013 年 10 月 22 日 工商直字〔2013〕165 号）

各省、自治区、直辖市工商行政管理局：

为规范引导直销企业积极履行社会责任，促进直销企业规范、有序、健康发展。总局研究制定了《直销企业履行社会责任指引》，现印发给你们。请认真组织直销企业学习，加强对直销企业履行社会责任的行政指导，及时督导检查。

直销企业履行社会责任指引

第一章　总　　则

第一条　为规范引导直销企业积极履行社会责任，促进直销企业规范、有序、健康发展，根据《公司法》、《消费者权益保护法》、《产品质量法》、《直销管理条例》、《禁止传销条例》等相关法律法规及规章，制定本指引。

第二条　本指引适用于获得国务院商务主管部门直销经营许可并经工商行政管理机关登记的企业（以下简称直销企业）。

直销企业应加强对其所属的分支机构、服务网点、直销员、经销商履行社会责任的工作指导。

第三条　本指引所称社会责任是指直销企业在经济活动中，对企业员工、直销员、供应商、消费者、政府、社会等利益相关者所承担的法律、经济与道德的社会责任和义务。

直销企业的社会责任包括但不限于以下内容：

（一）法律社会责任。遵守法律、法规、规章和规范性文件，积极维护消费者、直销员、员工的合法权益和社会公共利益。

（二）经济社会责任。营造公平、安全、稳定的行业竞争秩序，以优质的专业经营，持续为股东、员工、直销员和社会公众创造经济价值。

（三）道德社会责任。提倡公益慈善，积极投身社会公益活动，支持国家产业政策和环保政策，节约资源，保护和改善自然生态环境，支持社会可持续发展。

第四条 直销企业应遵守法律法规及规章，遵守社会公德和商业道德，加强诚信体系建设，严格自律，做到经济效益和社会效益的有机统一。

第五条 直销企业应树立正确的价值观和经营理念，建设具有社会责任感的企业文化，服务创建和谐社会，促进社会可持续发展。

第六条 工商行政管理机关应当加强对直销企业履行社会责任的行政指导，及时督导检查直销企业履行社会责任情况，促进直销企业规范、有序、健康发展。

第二章 法律社会责任

第七条 企业直销经营许可及分支机构设立申请应符合《直销管理条例》规定，提供的材料应当真实、准确、完整。企业应对其提供材料的真实性负责。

第八条 直销企业有关《直销管理条例》第八条所列内容发生重大变更的，直销企业要及时依据《直销管理条例》第九条规定程序报请有关部门批准。

第九条 直销员招募主体、招募宣传应符合《直销管理条例》等法律法规的要求。不得招募法律、法规禁止的人员。

第十条 直销企业与招募的直销员应签订推销合同，采取有效措施防止未与直销企业或者其分支机构签订推销合同的人员从事直销活动。直销企业应尊重并保障直销员的解约权。

第十一条 直销企业要严格依据《直销管理条例》、《直销员业务培训管理办法》和有关规定的要求对拟招募直销员进行业务培训和考试，并在考试合格后颁发直销员证。培训和考试不得收取任何费用。

第十二条 直销企业在与直销员或拟招募为直销员的接触中，不得使用欺骗性、误导性或者不公平的招募手段。

第十三条 直销企业提供给拟招募为直销员关于直销前景的信息应当真实、准确、完整。

直销企业不得向拟招募为直销员作出任何虚假陈述或者不能实现的许诺。

直销企业不得以欺骗性的方式向任何拟招募为直销员展示销售机会的优势。

第十四条 直销员报酬应按照直销员本人直接向消费者销售产品的收入计算，报酬总额应当符合《直销管理条例》的规定要求。

第十五条 直销企业应建立完善的退换货制度，以适当的方式告知消费者与直销员，并采取有效措施及时履行退换货义务，不得故意拖延或者无理拒绝。

第十六条 保证金的存缴和使用要符合《直销管理条例》、《直销企业保证金存缴、使用管理办法》等法规、规章的要求。保证金数额根据直销企业直销产品销售收入及时进行调整。

第十七条 直销企业服务网点设立及建设要符合法规、规章的要求。服务网点发挥满足消费者、直销员了解产品价格、退换货及依法提供其他服务的功能性作用。

第十八条 直销企业应按照《直销管理条例》、《直销企业信息报备、披露管理办法》的要求，真实、准确、及时、完整地进行信息报备、披露。

第十九条 直销企业要切实采取措施保护消费者、直销员的合法权益，防止侵犯消费者、直销员合法权益事件的发生。

第二十条 直销企业的直销产品要符合保障人身、财产安全的要求，要告知消费者其购买、使用的商品或者接受服务的真实情况。对可能危及人身、财产安全的商品和服务，要向消费者作出真实说明和明确警示，并说明和标明正确使用商品的方法以及防止危害发生的方法。

第二十一条 直销企业以广告、产品说明、实物样品或者其他方式表明商品质量状况的，应当保证其提供的商品的实际质量与表明的质量状况相符。

第二十二条 直销企业、经销商、直销员与消费者进行交易，应遵循自愿、平等、公平、诚实信用的原则，尊重消费者自主选择商品或者服务的权利，不得强制交易。

第二十三条 直销员的推销活动应符合《直销管理条例》规定的要求。直销产品应当明码标价。

第二十四条 直销企业、直销员应该按照国家有关规定向消费者出具购货凭证或者服务单据；消费者索要购货凭证或者服务单据的，直销企业、直销员必须出具。

第二十五条 直销企业不得从事传销等违法犯罪行为。

直销企业应采取有效措施禁止其直销员、经销商及其他有关的商业合作者从事传销等违法犯罪行为。

第三章　经济社会责任

第二十六条　直销企业应积极提高经营效益，努力创造优良的经济效益。

第二十七条　直销企业应加强管理，规范直销经营行为，开展公平竞争，维护直销业良好的市场竞争秩序，促进直销业健康发展。

第二十八条　直销企业应当遵循平等、自愿的原则，诚实守信地订立、履行合同义务。

第二十九条　直销企业应完善公司自我约束机构，严格自律，安全稳健经营。

第三十条　直销企业应遵循按劳分配、同工同酬原则，构建合理的激励约束机制，保障员工各项合法权益，促进员工全面发展。

第三十一条　直销企业应重视消费者、直销员的权益保障，有效提示风险，恰当披露信息，公平对待消费者、直销员，加强客户投诉管理，提升服务质量。

第三十二条　直销企业应加强对服务网点的管理。制作统一的服务网点标识标牌，于服务网点显著位置悬挂服务网点标识标牌、张贴直销管理法律法规和直销产品退换货等制度。服务网点应当设立直销产品展示区，供消费者、直销员参观查看。

第三十三条　直销企业应加强对直销人员、销售区域的科学管理，保持行业的相对稳定，进而维护社会稳定。一旦发现不稳定的苗头要采取必要措施，使问题处于可控之中。

第三十四条　直销企业在经济活动中，应当培养营销人员对社会的感恩意识，提升对国家、对社会的责任感，增强规范经营的自觉性。

第三十五条 直销企业要制定适中的激励制度，给经销商定的指标不能过高，防止因过高而导致囤货，引起问题的发生。

第三十六条 直销企业应充分认识传销的危害性，防止传销组织打着“重组”、“战略合作”等旗号，向直销企业靠拢。严禁为了业绩，默认传销团队的渗透，决不允许传销组织和人员参与直销企业经营与管理。

第四章 道德社会责任

第三十七条 直销企业应坚持可持续发展战略，重视环境和生态保护，合理利用和开发资源，通过科技创新和管理创新，提高资源利用率。

第三十八条 直销企业应积极推行清洁生产，做好污染预防和节能减排，发展循环经济，建设资源节约型和环境友好型企业。

第三十九条 直销企业应根据自身战略规划和发展需求，在实现资源优化配置的同时，创造更多的工作岗位，为社会提供更多的就业机会。

第四十条 直销企业应当积极投身社会公益事业，自觉履行企业公民义务，努力打造责任企业的良好形象。可通过设立慈善基金、互助基金等形式，开展对困难职工和弱势群体的慈善关怀，参与灾区援建、爱心奉献、志愿服务等活动，支持社会公益事业。

第四十一条 直销企业应当在力所能及的范围内，积极参与社区建设，鼓励员工、直销员、经销商志愿服务社会。

第四十二条 直销企业必须认真接受政府部门的监督和检查，关注社会公众及新闻媒体对本企业的评论，及时采取应对措施，传递正能量。

第五章 直销企业社会责任管理

第四十三条 直销企业应深化对企业伦理化经营的认识，将社会责任融入到发展战略、治理结构、企业文化和业务流程中，在组织层面建立相应的决策与执行机构。依托战略、组织和流程的支持，建立履行企业社会责任的长效机制。

第四十四条 直销企业应加强企业社会责任的制度化管理，形成包括制定计划、实施计划、跟踪检查、期末评估、发布报告等环节在内的流程化管理机制，提升企业决策水平，努力实现企业社会责任履行与日常经营的有机结合。

第四十五条 直销企业应建立内外部评估机制，定期评估企业社会责任履行情况，包括直销等核心业务对社会与环境的影响，并将企业社会责任评估与改善内部管理相结合，提升经营管理绩效。

第四十六条 直销企业因违反社会责任对股东、员工、消费者、直销员、社区等造成损害的，应当承担相应的法律责任。

第六章 附 则

第四十七条 本指引由国家工商行政管理总局负责解释。

第四十八条 本指引自发布之日起施行。

商务部关于加强管理直销企业从事直销活动有关问题的通知

（2006年8月16日　商建发〔2006〕115号）

为贯彻实施《直销管理条例》（以下称《条例》）、《禁止传销条例》，规范直销行为，维护消费者合法权益和社会公共利益，现就加强对直销企业从事直销活动管理的有关事项通知如下：

一、企业申请直销经营许可时，应提交其在拟从事直销地区的服务网点方案。服务网点方案所在地区的区/县级（含县级，下同）以上商务主管部门，根据《条例》及商务部相关规定对服务网点方案进行核查，予以认可的，向省级商务主管部门出具书面认可函。省级商务主管部门向商务部转报企业申报材料时，须同时出具对服务网点方案符合《条例》及相关规定的确认函。

二、依法取得直销经营许可的直销企业（以下称直销企业）应于批准文件下发之日起6个月内，按其上报并经核准 的服务网点方案完成服务网点的设立；相关省（自治区、直辖市）商务主管部门应会同服务网点所在地的区/县商务主管部门对在该省（自治区、直辖市）内已设立的服务网点进行核查，并将全省（自治区、直辖市）核查结果一次性报商务部备案。直销企业不得在未完成核查和备案前开展直销活动。

三、直销企业应严格按照《条例》及相关规定依法开展直销培训活动。企业在开展培训和直销活动前，应将本企业直销培训员名单报商务部备案，待商务部在直销行业管理信息系统公布后，企业方可招募人员并对被招募人员进行培训、考试。企业如有违反，暂停直销经营许可；情节严重的，商务部吊销其直销经营许可证。

四、直销企业培训员应严格按照《条例》及相关规定依法从事直销培训。如有违反，商务部撤销该培训员备案，企业收回直销培训员证，该培训员不得从事培训活动；情节严重的，商务部吊销直销企业的直销经营许可证。

五、企业在申报直销经营许可过程中，如处于民事诉讼（仲裁）之中，司法（仲裁）机关审理（仲裁）结果可能导致股权、资产、保证金发生变化，或缴存的保证金已被司法机关冻结，商务部将终止受理企业的申报。

六、直销企业擅自动用保证金，或未按规定调整保证金，或缴存的保证金被司法机关冻结，暂停直销经营许可；经告知拒不改正的，商务部吊销其直销经营许可证。

七、直销企业应严格按照《条例》及相关规定，真实、准确、完整地向社会公众披露相关信息，并向商务部、工商总局报备。严禁直销企业高调炒作，误导消费者。如有违反，暂停直销经营许可；经告知拒不改正的，商务部吊销其直销经营许可证。

八、直销企业的投资者、股权、注册资本、直销员计酬制度、市场计划报告书等事项发生变更，须符合《条例》规定，并报商务部批准。对不再符合直销经营条件的，商务部吊销其直销经营许可证。

商务部关于直销产品和直销培训员备案管理有关事项的通知

（2016 年 4 月 8 日）

各省、自治区、直辖市、计划单列市及新疆生产建设兵团商务部主管部门：

国务院近日印发《关于第二批取消 152 项中央指定地方实施行政审批事项的决定》（国发〔2016〕9 号），取消了直销产品说明重大变更审批。为贯彻落实国务院关于简政放权、放管结合、优化服务的要求，维护直销行业市场秩序，保护消费者权益，先就直销产品和直销培训员备案有关事项通知如下：

一、做好直销产品和直销培训员备案

（一）网上报备及书面备案

直销企业应当根据《直销企业信息报备、披露管理办法》第六条规定，在直销产品上市销售、直销培训员开展培训前，通过商务部直销行业管理信息系统（以下简称信息系统）报备直销产品信息、直销培训员信息，并将《直销产品备案表》（见附件 1）、《直销培训员备案表》（见附件 2）等书面材料加盖公司印章后，向直销企业注册地省、自治区、直辖市、计划单列市及新疆生产建设兵团商务主管部门（以下简称省级商务主管部门）备案。

直销产品退出市场、直销产品信息发生变更、直销培训员直销的，直销企业应当提前或在相关情形发生之日起 10 日内通过信息系统报备，并向省级商务主管部门报送书面备案材料。

直销企业应当将报备直销产品、直销培训员的相关材料、证明文件存档备查。

（二）备案审查及公布

直销企业报备的信息、材料经审查符合要求的，省级商务主管部门应在 5 个工作日内通过信息系统予以公布。直销企业报备的信息、材料不齐全或不符合要求的，省级商务主管部门应通知直销企业限期补充、修正。直销企业未在规定期限内补充、修正即销售产品、开展培训的，省级商务主管部门应通过信息系统公示直销企业实际信息报备情况（包括存在的问题）。

省级商务主管部门可根据本地实际，制定备案工作实施细则，确定直销企业需提交的书面备案材料清单。

二、加强事中事后管理

省级商务主管部门应建立抽查制度，对直销企业报备直销产品、直销培训员情况开展随机抽查。信息系统公布的直销企业报备信息接受社会公众监督。

省级商务主管部门在抽查中发现直销企业未报备信息或报备信息存在虚假、误导，或社会公众反映上诉问题经查证属实的，省级商务主管部门应通过信息系统进行公示，并责令直销企业限期改正。直销企业在规定期限内改正的，省级商务主管部门应通过信息系统及时公布改正情况。直销企业未在规定期限内改正的，省级商务主管部门应按照《直销管理条例》第五十条规定移送同级工商行政管理部门处理。情节严重的，报请商务部依法吊销其直销经营许可证。

商务部根据《直销管理条例》有关规定及本通知，对直销企业、省级商务主管部门的备案管理进行监督。

三、其他事项

本通知自下发之日起施行，《商务部关于直销培训员备案程序有关问题的通知》（商建函〔2007〕）1号、《商务部关于加强直销企业变更直销产品说明和直销培训员备案审核监管有关工作的通知》（商资函〔2010〕392号）同时废止。

附件：1. 直销产品备案表（略）

2. 直销培训员备案表（略）

商务部办公厅关于做好直销企业经营统计有关工作的通知

（2014年1月24日　商办秩函〔2014〕40号）

各省、自治区、直辖市、计划单列市及新疆生产建设兵团商务主管部门：

经国家统计局批准（国统制〔2013〕138号），自2013年11月起，直销企业每月向商务部报备的数据将执行新的《直销企业经营情况统计表》（见附件1，以下简称《统计表》）。为做好直销企业信息报备及行业统计工作，现将有关事项通知如下：

一、请各直销企业按照《2013年直销企业经营情况统计表》（见附件2）的格式要求，于2014年2月28日前通过商务部直销行业管理信息系统（以下简称信息系统）报送本企业2013年度的经营情况。

二、自本通知下发之日起，各直销企业应按照《直销企业信息报备、披露管理办法》及《统计表》要求，于每月15日前通过信息系统报送本企业2014年1月至2015年11月每月的经营情况。

三、各地商务主管部门应督促本地区直销企业按照上述要求准确、及时、完整地报送经营数据，加强对本地区直销企业经营情况的研究分析，并就2013年本地区直销行业发展及直销管理情况、存在的问题、工作建议等形成报告，于2014年3月10日前报商务部。

联系人：市场秩序司　戴毓高，外资司　邵伟

电话：010－85093324，65197881

传真：010－85093321，65197322

电子信箱：fgc@ mofcom. gov. cn

附件：1. 直销企业经营情况统计表（略）

2. 2013年直销企业经营情况统计表（略）

商务部关于直销企业设立分支机构审核工作有关问题的通知

（2011年3月2日　商资函〔2011〕97号）

各省、自治区、直辖市、计划单列市及新疆生产建设兵团商务主管部门：

为进一步加强地方商务主管部门的审核监管职能，经商公

安部、工商总局，现就已经获准从事直销业务的企业（以下简称直销企业）设立分支机构的有关事项通知如下：

一、直销企业从事直销活动，必须在拟从事直销活动的省、自治区、直销市设立负责该行政区域内直销业务的分支机构。直销企业设立分支机构，应通过注册地省级商务主管部门向商务部提出申请。

二、直销企业注册地省级商务部门应征求拟设立分支机构和已设立分支机构所在地省级商务主管部门意见，后者分别征求当地同级公安、工商部门意见。

三、拟设立分支机构和已设立分支机构所在地省级商务主管部门应根据《直销管理条例》及有关规定对直销企业的申请事项进行审核，结合当地同级公安、工商部门意见函复注册地省级商务主管部门。

四、注册地省级商务主管部门会同当地同级工商、公安部门审核直销企业设立分支机构申请事宜，并在报商务部时提出明确审核意见，出具审核意见报告（格式附后）。

五、商务部收到上报材料并审核无异议后，就直销企业设立分支机构征求工商总局、公安部意见。如工商总局和公安部无异议，商务部做出批准决定。

六、直销企业应按照商务部、工商总局《直销企业信息报备、披露管理办法》，真实、准确、及时、完整地披露相关信息。省级商务主管部门应依法加强对直销企业服务网点建设及相应信息报备、披露情况的监管。

七、本通知自 2011 年 5 月 1 日起施行。各地省级商务主管部门遇有问题，请及时与我部（外资司、市场建设司）联系。

商务部关于直销企业分支机构管理有关问题的通知

（2015年8月31日　商秩函〔2015〕591号）

各省、自治区、直辖市、计划单列市及新疆生产建设兵团商务主管部门：

为规范直销企业分支机构的管理，提高管理效率，现就有关事项通知如下：

一、分支机构的设立审批

直销企业在从事直销活动的省、自治区、直辖市应当设立负责该行政区域内直销业务的分支机构（以下简称分支机构）。企业申请设立分支机构的，应当通过注册地省、自治区、直辖市、计划单列市及新疆生产建设兵团商务主管部门（以下简称省级商务主管部门）向商务部提出设立分支机构的申请，注册地省级商务主管部门应当自收到企业申请材料之日起7个工作日内，将申请材料报送商务部，商务部根据《直销管理条例》依法办理。

二、分支机构的信息报备

分支机构获得批准的，直销企业应当自收到批准决定之日起7个工作日内，按照《直销企业信息报备、披露管理办法》规定，将分支机构基本信息（营业执照信息、联系方式等）通过商务部直销行业管理信息系统向商务部报备，并通过企业信息披露网站向社会公布。分支机构基本信息发生变更的，直销企业应当自变更之日起7个工作日内向商务部报备、向社会公布。

三、分支机构的管理

除商务部批准的分支机构外，直销企业可以在同一个省、自治区、直辖市设立多个分支机构开展直销业务，但应由经商务部批准的分支机构负责管理。省级商务主管部门应当依法加强对直销企业分支机构从事直销活动的管理。

本通知自下发之日起施行，《商务部关于直销企业设立分支机构审核工作有关问题的通知》（商资函〔2011〕97号）同时废止。

商务部关于加强直销企业变更直销产品说明和直销培训员备案审核监管有关工作的通知

（2010年6月4日　商资函〔2010〕392号）

各省、自治区、直辖市、计划单列市及新疆生产建设兵团商务主管部门：

为进一步加强地方商务主管部门的审核监管职能，提高效率，现就直销企业调整直销产品和直销培训员备案的审核监管工作事项通知如下：

一、关于直销企业调整直销产品

（一）已经获准从事直销业务的企业（以下简称直销企业）

调整直销产品，由直销企业注册地省级商务主管部门负责审核。注册地省级商务主管部门应对直销企业提交的拟调整的直销产品标准说明及相关材料进行审核，符合《直销管理条例》等规定的，向商务部提交审核意见表（标准格式见附件1）。商务部将产品名单及生产厂家上网公示，如5天内无异议，省级商务主管部门可下批文并应将审核材料存档。

（二）直销企业可依法律规定以直销方式销售本企业生产的产品以及其母公司、控股公司生产的产品，不得直销委托加工的产品。

母公司系在直销企业中拥有超过51%的股权，并对直销企业的生产及产品质量控制具有决策权的直销企业的投资方。控股公司系指直销企业在该公司拥有超过51%的股权，并对该公司的生产及产品质量控制具有决策权的直销企业所投资企业。

直销企业应提供上述关系的书面证明材料。公司、企业的登记材料可以是复印件。

（三）直销产品范围见商务部 工商总局2005年第72号公告。直销企业应对拟增加的直销产品范围和标准做出说明，并提交下述材料：

1. 直销企业申请增加直销产品，如系直销企业自产产品，应提供国家有关部门向直销企业颁发的下述证件复印件：

（1）国家质量监督检验检疫总局颁发的全国工业产品生产许可证。

（2）直销企业申请直销化妆品的，还应提供药品监督部门颁发的化妆品生产企业卫生许可证；如系特殊用途化妆品，还应同时提供卫生部颁发的国产特殊用途化妆品卫生许可批件。

申请直销的化妆品应属于全国工业产品生产许可证副本中明细部分所列类别及化妆品生产企业卫生许可证中生产项目部分所列类别。

（3）直销企业申请直销保健食品的，还应同时提供国家食品药品监督管理局颁发的国产保健食品批准证书。

（4）直销企业申请直销保洁用品、保健器材、小型厨具的，还应就是否符合国家标准做出说明，提交国家有关部门出具的检验报告。检验报告标明的检验申请单位应与拟直销产品生产厂家名称一致。

2. 直销企业拟从境外进口母公司或控股公司产品从事直销的，应提供国内主管部门出具的进口产品符合国家标准的批准文件。

（四）直销产品符合国家标准、行业标准的，经审核通过，直销企业可在已获准从事直销的行政区域内销售。有地方强制性标准的，经审核符合该地方标准，可在已获准从事直销的该地方所辖行政区域内直销。

二、关于直销培训员备案

直销企业调整直销培训员的备案事宜由直销企业注册地省级商务主管部门负责审核。注册地省级商务主管部门审核通过后，向商务部提交备案表（标准格式见附件2）。商务部在直销行业管理网站公布直销培训员的姓名、性别、培训员证号等信息。省级商务主管部门应将审核材料存档。

三、其他工作

直销企业应当按照《直销企业信息报备、披露管理办法》，加强信息报备、披露，接受政府相关部门的监管检查和社会公众的监督。直销企业注册地商务主管部门应对直销企业披露的情况加强监管。

各省级商务主管部门遇有问题，请及时与商务部联系。

本通知自二〇一〇年七月一日起施行。

附件1：直销企业调整直销产品情况审核意见表（略）

附件2：直销企业直销培训员备案表（略）

商务部办公厅关于获得直销经营许可的企业从事直销经营活动有关问题的意见

（2007年5月16日　商办建函〔2007〕60号）

各省、自治区、直辖市、计划单列市及新疆生产建设兵团商务主管部门：

近期，部分地方商务主管部门询问，获得直销经营许可的企业是否即可从事直销经营活动。现答复如下：

依据《直销管理条例》第十条第二款、《商务部关于答复涉及直销业有关问题的函》（商资函〔2005〕98号）及《商务部关于加强管理直销企业从事直销活动有关问题的通知》（商建发〔2006〕115号）的有关规定，获得直销经营许可的企业，应自批准文件下发之日起6个月内，按其上报的服务网点方案完成服务网点的设立，并向出具服务网点方案认可函的商务主管部门申请核查。核查结果在商务部直销行业管理信息系统备案后，直销企业方可从事直销经营活动。因此，仅取得直销经营许可的企业尚不能从事直销经营活动，只有完成服务网点核查备案后方可从事直销经营活动。企业备案情况可通过商务部直销行业管理信息系统查询。

直销产品类别及生产指引（试行）

（2016 年 9 月 21 日）

根据商务部、工商总局公告 2016 年第 7 号（关于直销产品范围的公告），现就直销产品类别及生产指引公布如下：

一、直销产品的类别

化妆品、保洁用品、保健食品、保健器材、小型厨具、家用电器等 6 类产品［1］。

（一）化妆品

定义及分类。化妆品是指以涂擦、喷洒或者其他类似的方法，散布于人体表面任何部位（皮肤、毛发、指甲、口唇等），以达到清洁、消除不良气味、护肤、美容和修饰目的的日用化学工业产品［2］。

以用途为依据，化妆品分为：特殊用途化妆品（用于育发、染发、烫发、脱毛、美乳、健美、除臭、祛斑、防晒的化妆品）［3］、非特殊用途化妆品两类。以生产工艺和成品状态为依据，化妆品分为：一般液态单元（护发清洁类、护肤水类、染烫发类、啫喱类）、膏霜乳液单元（护肤清洁类、护发类、染烫发类）、粉单元（散粉类、块状粉类、染发类、浴盐类）、气雾剂及有机溶剂单元（气雾剂类、有机溶剂类）、蜡基单元（蜡基类）、牙膏单元（牙膏类）和其他单元等7类［4］。

资质要求。特殊用途化妆品、进口非特殊用途化妆品应当取得国家食品药品监督管理总局颁发的《国产特殊用途化妆品行政许可批件》、《进口特殊用途化妆品行政许可批件》、《进口非特殊用途化妆品备案凭证》，国产非特殊用途化妆品应当按照规定网上申报备案。

（二）保洁用品

定义及分类。保洁用品包括个人卫生用品及生活用清洁用品。个人卫生用品包括卫生巾、卫生护垫等15类［5］，生活用清洁用品包括洗涤剂、洗涤用具、消毒剂和消毒器械。其中，消毒剂、消毒器械仅指个人和生活用消毒剂、消毒器械。

资质要求。保洁用品应当符合强制性标准的要求。利用新材料、新工艺技术和杀毒原理生产的消毒剂、消毒器械，应当取得国家卫生计生委颁发的卫生许可批件。其他消毒剂、消毒器械和卫生用品中的杀（菌）剂，应当按照有关规定进行卫生安全评价，产品上市时应将卫生安全许可报告向省级卫生行政部门备案［6］。

（三）保健食品

定义及分类。保健食品是指声称具有特定保健功能或者以补充维生素、矿物质为目的的食品，即适宜于特定人群食用，具有调节机体功能，不以治疗疾病为目的，并且对人体不产生任何急性、亚急性或者慢性危害的食品［7］。包括：国产保健食品（在中国境内生产销售的保健食品），进口保健食品（在中国境外生产、在中国境内上市销售的保健食品）。

资质要求。国产保健食品应当取得食品药品监管部门颁发的《国产保健食品注册证书》或国产保健食品备案凭证。进口保健食品应当取得食品药品监督管理部门颁发的《进口保健食品注册证书》或进口保健食品备案凭证。

（四）保健器材

定义及分类。保健器材是指适宜于特定人群使用，具有调节机体、预防疾病及其他特定保健功能，不以治疗疾病为目的，并且对人体不产生任何急性、亚急性或者慢性危害的产品。

资质要求。保健器材应当符合有关保健用品国家标准、行业标准、团体标准［8］，或取得省级以上科研机构、地级以上人民政府的认证、证明，确认产品具有保健功能。

（五）小型厨具

定义及分类。小型厨具是指在居民住宅或类似场合中使用的厨房用具，包括：储藏用具（储藏食品和器物用品的用具）、调理用具（调制食品的工具和器皿）、烹调用具（炊具以及烹调中使用的相关工具和器皿）、餐具和其他厨具（水供应设备、排水设备、垃圾处理设备等）。

资质要求。属于《实行生产许可证制度管理的产品目录》的，生产企业应当取得质量技术监督部门颁发的《工业产品生产许可证》［9］。属于涉及饮用水卫生安全的产品（如净水器）的，生产经营企业应当取得卫生行政部门颁发的《涉及饮用水卫生安全产品卫生许可批件》［10］。

（六）家用电器

定义及分类。家用电器是指消费者在居民住宅或类似场合中使用的，单相器具额定电压不超过250V，其他器具额定电压不超过480V 的电器［11］。包括制冷电器具、空气调节器、通风电器具、厨房电器具、清洁卫生电器具、美容保健电器具、电热电力器具及类似产品、音视频设备及上述电器的配件［12］。(具有清洁卫生、美容、保健功能的电器具，归入家用电器类别，不归入保洁用品、化妆品、保健器材类别)

资质要求。按照《强制性产品认证管理规定》(国家质量监督检验检疫总局第117号）规定，产品被纳入实施强制性产品认证产品目录的，应当获得认证机构的认证。

二、直销产品的生产

(一）生产企业的类型。

直销产品应当符合《直销管理条例》规定，由直销企业或直销企业的母公司、控股公司生产，除此之外，直销企业不得销售委托加工的产品。母公司对直销企业、直销企业对控股公司，前者的出资额或者持有的股份，应当占后者资本总额或股本总额的百分之五十（不含）以上。

(二）生产企业的资质要求。

化妆品。生产企业应当取得《化妆品生产许可证》(已获得国家质量监督检验检疫总局发放的《全国工业产品生产许可证》和省级食品药品监督管理部门发放的《化妆品生产企业卫生许可证》的化妆品生产企业，其许可证有效期自动顺延的，截止日期为2016年12月31日［13］)。

保洁用品。属于《实行生产许可证制度管理的产品目录》的，生产企业应当取得质量技术监督部门颁发的《工业产品生产许可证》［14］。属于消毒产品的，生产企业应当取得卫生行政部门颁发的《消毒产品生产企业卫生许可证》［15］。

保健食品。生产企业应当取得食品药品监管部门颁发的《食品生产许可证》（生产许可事项和品种明细表列明保健食品的具体信息）。

保健器材。生产企业应当根据相关法律法规规定，符合行政许可、强制性认证、强制性标准要求。

小型厨具、家用电器。属于《实行生产许可证制度管理的产品目录》的，生产企业应当取得质量技术监督部门颁发的《工业产品生产许可证》[16]。

参考文献及注释：

[1] 化妆品、保健食品等产品信息可查询国家食品药品监督管理总局网站：http：//www. sfda. gov. cn/

[2]《化妆品卫生监督条例》（1989 年 11 月 13 日卫生部令第 3 号）第二条。

[3]《化妆品卫生监督条例》第十条。

[4]《国家食品药品监督管理总局关于化妆品生产许可有关事项的公告》（2015 年 第 265 号）。

[5]《卫生部关于印发〈消毒产品生产企业卫生许可规定〉的通知》（2009 年 11 月 16 日）。

[6]《消毒管理办法》（2002 年 3 月 28 日卫生部令第 27 号，2016 年 1 月 19 日国家卫生和计划生育委员会令第 8 号修订）。

[7]《保健食品注册管理办法（试行）》（2005 年 4 月 30 日国家食品药品监督管理局令第 19 号）。

[8] 参见：全国团体标准信息平台（http：//www. ttbz. org. cn/）。

[9]《质检总局关于公布实行生产许可证制度管理的产品目录的公告》(2012年第181号)。

[10]《生活饮用水卫生监督管理办法》(1996年7月9日建设部、卫生部令第53号)第十二条。

[11]《GB 4706.1－2005 家用和类似用途电器的安全 第1部分：通用要求》"1 范围"。

[12]《统计用产品分类目录》(国家统计局令第13号)。

[13]《国家食品药品监督管理总局关于化妆品生产许可有关事项的公告》(2015年 第265号)。

[14]《质检总局关于公布实行生产许可证制度管理的产品目录的公告》(2012年第181号)。

[15]《消毒管理办法》(2002年3月28日卫生部令第27号，2016年1月19日国家卫生和计划生育委员会令第8号修订)。

[16]《质检总局关于公布实行生产许可证制度管理的产品目录的公告》(2012年第181号)。

商务部关于启用新版《直销经营许可证》的通知

(2015年4月29日)

经研究决定，我部自即日起启用新版《直销经营许可证》(2015年版)，直销企业现有的旧版《直销经营许可证》(2006

年版）继续有效，直销企业可根据需要换领新版《直销经营许可证》。

特此通知。

直销经营许可证

第　　号

企业名称：

组织机构代码：

法定代表人：

批准文号：

注册资本：

保证金存缴账号：

直销产品及生产企业：

直销区域：

投资者：

住所：

企业类型：

批准日期：

信息披露网址：

年　月　日

商务部直销行业管理信息系统：http://zxgl.mofcom.gov.cn

中华人民共和国商务部制

关于直销产品范围的公告

（2016年3月17日　商务部、工商总局公告2016年第7号）

根据《直销管理条例》第二条规定，商务部、国家工商行政管理总局对直销产品范围进行了调整，现将调整后的直销产品范围公布如下：

一、化妆品

二、保洁用品（个人卫生用品及生活用清洁用品）

三、保健食品

四、保健器材

五、小型厨具

六、家用电器

直销产品应当根据法律法规规定，符合行政许可、强制性认证、强制性标准要求。

商务部和国家工商行政管理总局将根据直销业发展状况和消费者的需求适时调整直销产品的范围。

本公告自公布之日施行，商务部、国家工商行政管理总局2005年第72号公告同时废止。

关于发布《直销员证》式样的公告

（2005年11月1日　商务部公告2005年第74号）

根据《直销管理条例》第二十条规定，现将《直销员证》式样公告如下：

一、证件正面式样

证件宽11厘米，高16厘米，为聚酯薄膜密封、单页卡式，由正反两面组成。证件底色为蓝色。

直销地区是指直销员所隶属的直销企业的分支机构所在的省（自治区、直辖市）设有服务网点的地区。

直销产品是指经国务院商务主管部门批准的，直销企业的直销经营许可证上所载明的产品。

企业标识是指由企业自行设计，用于代表企业形象的图形、文字、字母或上述元素的组合。企业可自行决定是否将标识印制在证件上。

证件式样如下（1∶1 比例）

<table>
<tr><td colspan="2">企业标识　直销员证</td></tr>
<tr><td>照片</td><td>姓名：＿＿＿＿＿＿
性别：＿＿＿＿＿＿
其它职业：＿＿＿＿＿</td></tr>
<tr><td colspan="2">直销地区：＿＿＿＿＿＿＿＿＿＿
直销产品：＿＿＿＿＿＿＿＿＿＿
所属直销企业：（加盖公章）＿＿＿＿＿＿
直销企业组织机构代码：＿＿＿＿＿＿
直销企业经营许可证号码：＿＿＿＿＿
所属分支结构：＿＿＿＿＿＿＿＿
直销员证号码：＿＿＿＿＿＿＿＿
发证日期：＿＿＿＿＿＿＿＿＿＿</td></tr>
</table>

二、证件背面式样（1∶1 比例）

直销员行为守则

本人推销产品时，信守如下承诺：

一、严格遵守中华人民共和国法律法规，履行《直销管理条例》、《禁止传销条例》、《直销员业务培训管理办法》规定的有关直销员的所有义务。

二、保证只在本人所隶属的分支机构所在的省（自治区、直辖市）及设立服务网点的地区开展直销活动。

三、推销时出示《直销员证》和推销合同，真实、客观地反映产品的性能，不进行虚假宣传。成交后向消费者提供发票和含有退货制度、直销企业设于当地提供退换货服务的服务网点地址、联电话及直销员本人联系方式等内容的售货凭证。

四、推销产品的价格与服务网点展示的价格一致。

五、尊重消费者的选择，不强买强卖。未经消费者同意，不得进入其住所强行推销产品。消费者要求停止推销活动时，应当立即停止，并迅速离开消费者住所。

六、不伪造、变造、涂改、出租、出借、转让、出卖《直销员证》。

七、证件正面所填写的信息是完整、准确、真实的。

八、自觉接受并积极配合监管部门依法检查。

以上如有违反，将担一切法律责任。

本人签名：__________所属分支机构（签章）

年　　月　　日

三、证件编码

直销员证号码由工商登记注册的企业字号（规范汉字）、12位阿拉伯数字两部分组成，数字部分由6位地区编码和6位直销员编码组成。

地区编码系国家统一的行政区划代码，以《中华人民共和国行政区划代码》（国家标准GB/T2260－2002）为依据，由6位阿拉伯数字组成；直销员编码系直销企业对直销员分配的编码，由6位阿拉伯数字组成。

四、证件的制作、生效及使用

《直销员证》由直销企业按本公告发布的式样制作。直销企业对符合《直销管理条例》有关直销员条件的人员进行培训考试，经考试合格并与之签订推销合同后，向其颁发《直销员证》。

《直销员证》经直销员本人签名，并加盖直销企业及相关分支机构公章后生效。直销员推销产品时必须佩戴《直销员证》。

关于发布《直销培训员证》式样的公告

（2005年11月1日　商务部公告2005年第75号）

根据《直销管理条例》第二十条规定，现将《直销培训员证》式样公告如下：

一、证件正面式样

证件宽11厘米，高16厘米，为聚酯薄膜密封、单页卡式，由正反两面组成。证件底色为橙色。

企业标识是指由企业自行设计，用于代表企业形象的图形、文字、字母或上述元素的组合。企业可自行决定是否将标识印制在证件上。

证件式样如下（1∶1 比例）

企业标识	直销培训员证
照片	姓名：________ 性别：________ 学历：________

所属直销企业：________________（加盖公章）

直销企业组织机构代码：________________

企业直销经营许可证号码：________________

加入直销企业时间：________________

直销培训员证号码：________________

发证日期：________________

二、证件背面式样（1∶1 比例）

直销培训员行为守则

本人在进行直销员培训活动中，信守如下承诺：

一、严格遵守中华人民共和国法律法规，履行《直销管理条例》、《禁止传销条例》、《直销员业务培训管理办法》规定的有关直销培训员的所有义务。

二、保证是直销企业正式员工，品行端正，无重大违法经营及无因故意犯罪受刑事处罚的记录。

三、在培训中佩戴《直销培训员证》，对讲授内容的合法性承担责任。

四、在培训活动中提示直销风险，不以任何方式宣扬直销员以往的收入情况，宣扬大多数参与者将获得成功。

五、不以任何方式强迫参加培训人员购买产品。

六、不伪造、变造、涂改、出租、出借、转让、出卖《直销培训员证》。

七、证件正面所填写的信息是完整、准确、真实的。

八、自觉接受并积极配合监管部门依法检查。

以上如有违反，将承担一切法律责任。

本人签名：＿＿＿＿＿＿＿＿＿＿＿＿＿＿＿＿

年　　月　　日

三、证件编码

直销培训员证号码由工商登记注册的企业字号（规范汉字）、汉字“培”、6位阿拉伯数字三部分组成，数字部分为直销培训员编码。直销培训员编码系直销企业对直销培训员分配的编码。

四、证件的制作、生效及使用

《直销培训员证》由直销企业按本公告发布的式样制作。直销企业对符合《直销管理条例》第十九条规定的人员颁发《直销培训员证》。

《直销培训员证》证经本人签名及加盖企业公章后生效。直销培训员进行直销培训活动时必须佩戴《直销培训员证》。

商业特许经营管理条例

（2007年1月31日国务院第167次常务会议通过　2007年2月6日国务院令第485号公布　自2007年5月1日起施行）

第一章　总　　则

第一条　为规范商业特许经营活动，促进商业特许经营健康、有序发展，维护市场秩序，制定本条例。

第二条　在中华人民共和国境内从事商业特许经营活动，应当遵守本条例。

第三条　本条例所称商业特许经营（以下简称特许经营），

是指拥有注册商标、企业标志、专利、专有技术等经营资源的企业（以下称特许人），以合同形式将其拥有的经营资源许可其他经营者（以下称被特许人）使用，被特许人按照合同约定在统一的经营模式下开展经营，并向特许人支付特许经营费用的经营活动。

企业以外的其他单位和个人不得作为特许人从事特许经营活动。

第四条 从事特许经营活动，应当遵循自愿、公平、诚实信用的原则。

第五条 国务院商务主管部门依照本条例规定，负责对全国范围内的特许经营活动实施监督管理。省、自治区、直辖市人民政府商务主管部门和设区的市级人民政府商务主管部门依照本条例规定，负责对本行政区域内的特许经营活动实施监督管理。

第六条 任何单位或者个人对违反本条例规定的行为，有权向商务主管部门举报。商务主管部门接到举报后应当依法及时处理。

第二章　特许经营活动

第七条 特许人从事特许经营活动应当拥有成熟的经营模式，并具备为被特许人持续提供经营指导、技术支持和业务培训等服务的能力。

特许人从事特许经营活动应当拥有至少 2 个直营店，并且经营时间超过 1 年。

第八条　特许人应当自首次订立特许经营合同之日起15日内，依照本条例的规定向商务主管部门备案。在省、自治区、直辖市范围内从事特许经营活动的，应当向所在地省、自治区、直辖市人民政府商务主管部门备案；跨省、自治区、直辖市范围从事特许经营活动的，应当向国务院商务主管部门备案。

特许人向商务主管部门备案，应当提交下列文件、资料：

（一）营业执照复印件或者企业登记（注册）证书复印件；

（二）特许经营合同样本；

（三）特许经营操作手册；

（四）市场计划书；

（五）表明其符合本条例第七条规定的书面承诺及相关证明材料；

（六）国务院商务主管部门规定的其他文件、资料。

特许经营的产品或者服务，依法应当经批准方可经营的，特许人还应当提交有关批准文件。

第九条　商务主管部门应当自收到特许人提交的符合本条例第八条规定的文件、资料之日起10日内予以备案，并通知特许人。特许人提交的文件、资料不完备的，商务主管部门可以要求其在7日内补充提交文件、资料。

第十条　商务主管部门应当将备案的特许人名单在政府网站上公布，并及时更新。

第十一条　从事特许经营活动，特许人和被特许人应当采用书面形式订立特许经营合同。

特许经营合同应当包括下列主要内容：

（一）特许人、被特许人的基本情况；

（二）特许经营的内容、期限；

（三）特许经营费用的种类、金额及其支付方式；

（四）经营指导、技术支持以及业务培训等服务的具体内容和提供方式；

（五）产品或者服务的质量、标准要求和保证措施；

（六）产品或者服务的促销与广告宣传；

（七）特许经营中的消费者权益保护和赔偿责任的承担；

（八）特许经营合同的变更、解除和终止；

（九）违约责任；

（十）争议的解决方式；

（十一）特许人与被特许人约定的其他事项。

第十二条 特许人和被特许人应当在特许经营合同中约定，被特许人在特许经营合同订立后一定期限内，可以单方解除合同。

第十三条 特许经营合同约定的特许经营期限应当不少于3年。但是，被特许人同意的除外。

特许人和被特许人续签特许经营合同的，不适用前款规定。

第十四条 特许人应当向被特许人提供特许经营操作手册，并按照约定的内容和方式为被特许人持续提供经营指导、技术支持、业务培训等服务。

第十五条 特许经营的产品或者服务的质量、标准应当符合法律、行政法规和国家有关规定的要求。

第十六条 特许人要求被特许人在订立特许经营合同前支付费用的，应当以书面形式向被特许人说明该部分费用的用途以及退还的条件、方式。

第十七条 特许人向被特许人收取的推广、宣传费用，应当按照合同约定的用途使用。推广、宣传费用的使用情况应当及时向被特许人披露。

特许人在推广、宣传活动中，不得有欺骗、误导的行为，其发布的广告中不得含有宣传被特许人从事特许经营活动收益的内容。

第十八条 未经特许人同意，被特许人不得向他人转让特许经营权。

被特许人不得向他人泄露或者允许他人使用其所掌握的特许人的商业秘密。

第十九条 特许人应当在每年第一季度将其上一年度订立特许经营合同的情况向商务主管部门报告。

第三章 信息披露

第二十条 特许人应当依照国务院商务主管部门的规定，建立并实行完备的信息披露制度。

第二十一条 特许人应当在订立特许经营合同之日前至少30日，以书面形式向被特许人提供本条例第二十二条规定的信息，并提供特许经营合同文本。

第二十二条 特许人应当向被特许人提供以下信息：

（一）特许人的名称、住所、法定代表人、注册资本额、经营范围以及从事特许经营活动的基本情况；

（二）特许人的注册商标、企业标志、专利、专有技术和经营模式的基本情况；

（三）特许经营费用的种类、金额和支付方式（包括是否收取保证金以及保证金的返还条件和返还方式)；

（四）向被特许人提供产品、服务、设备的价格和条件；

（五）为被特许人持续提供经营指导、技术支持、业务培训等服务的具体内容、提供方式和实施计划；

（六）对被特许人的经营活动进行指导、监督的具体办法；

（七）特许经营网点投资预算；

（八）在中国境内现有的被特许人的数量、分布地域以及经营状况评估；

（九）最近2年的经会计师事务所审计的财务会计报告摘要和审计报告摘要；

（十）最近5年内与特许经营相关的诉讼和仲裁情况；

（十一）特许人及其法定代表人是否有重大违法经营记录；

（十二）国务院商务主管部门规定的其他信息。

第二十三条 特许人向被特许人提供的信息应当真实、准确、完整，不得隐瞒有关信息，或者提供虚假信息。

特许人向被特许人提供的信息发生重大变更的，应当及时通知被特许人。

特许人隐瞒有关信息或者提供虚假信息的，被特许人可以解除特许经营合同。

第四章　法律责任

第二十四条 特许人不具备本条例第七条第二款规定的条件，从事特许经营活动的，由商务主管部门责令改正，没收违法所得，处10万元以上50万元以下的罚款，并予以公告。

企业以外的其他单位和个人作为特许人从事特许经营活动的，由商务主管部门责令停止非法经营活动，没收违法所得，并处10万元以上50万元以下的罚款。

第二十五条 特许人未依照本条例第八条的规定向商务主管部门备案的，由商务主管部门责令限期备案，处1万元以上5万元以下的罚款；逾期仍不备案的，处5万元以上10万元以下的罚款，并予以公告。

第二十六条 特许人违反本条例第十六条、第十九条规定的，由商务主管部门责令改正，可以处1万元以下的罚款；情节严重的，处1万元以上5万元以下的罚款，并予以公告。

第二十七条 特许人违反本条例第十七条第二款规定的，由工商行政管理部门责令改正，处3万元以上10万元以下的罚款；情节严重的，处10万元以上30万元以下的罚款，并予以公告；构成犯罪的，依法追究刑事责任。

特许人利用广告实施欺骗、误导行为的，依照广告法的有关规定予以处罚。

第二十八条 特许人违反本条例第二十一条、第二十三条规定，被特许人向商务主管部门举报并经查实的，由商务主管部门责令改正，处1万元以上5万元以下的罚款；情节严重的，处5万元以上10万元以下的罚款，并予以公告。

第二十九条 以特许经营名义骗取他人财物，构成犯罪的，依法追究刑事责任；尚不构成犯罪的，由公安机关依照《中华人民共和国治安管理处罚法》的规定予以处罚。

以特许经营名义从事传销行为的，依照《禁止传销条例》的有关规定予以处罚。

第三十条 商务主管部门的工作人员滥用职权、玩忽职守、徇私舞弊，构成犯罪的，依法追究刑事责任；尚不构成犯罪的，依法给予处分。

第五章 附 则

第三十一条 特许经营活动中涉及商标许可、专利许可的，依照有关商标、专利的法律、行政法规的规定办理。

第三十二条 有关协会组织在国务院商务主管部门指导下，依照本条例的规定制定特许经营活动规范，加强行业自律，为特许经营活动当事人提供相关服务。

第三十三条 本条例施行前已经从事特许经营活动的特许人，应当自本条例施行之日起1年内，依照本条例的规定向商务主管部门备案；逾期不备案的，依照本条例第二十五条的规定处罚。

前款规定的特许人，不适用本条例第七条第二款的规定。

第三十四条 本条例自2007年5月1日起施行。

工商总局关于进一步做好查处网络传销工作的通知

（2016年6月24日 工商竞争字〔2016〕115号）

各省、自治区、直辖市及计划单列市、副省级市工商行政管理局、市场监督管理部门：

为贯彻落实2016网络市场监管专项行动视频会议精神，加强部门联动，解决工商、市场监管部门在打击查处网络传销工作中遇到的新情况、新问题，不断提高工商、市场监管部门打击网络传销执法办案工作水平，依法惩治网络传销违法犯罪活动，现就进一步做好查处网络传销工作有关事宜通知如下。

一、提高思想认识，加强组织领导

近年来，网络传销违法活动日益突出，特别是随着移动互联网、网络购物、跨境电商等网络概念和营销方式的发展，打着所谓“微商”“电商”“多层分销”“消费投资”“爱心互助”等名义从事传销活动屡见不鲜。网络传销活动因其主体和标的虚拟性、行为跨地域性等特点，与传统传销相比更加具有隐蔽性、欺骗性和社会危害性，网络传销案件往往具有蔓延速度快、涉及人员多、波及地域广、涉案金额大等特点，严重损害人民群众利益，影响社会和谐稳定。目前，打击传销工作已作为一项独立测评内容纳入全国文明城市测评体系，各级工商、市场监管部门要充分认识网络传销的巨大社会危害性和加强查处网络传销工作的必要性和紧迫性，积极争取各级党委政府对查处网络传销工作的高度重视，切实加强组织领导，确保打击网络传销工作充分的经费投入和人力物力保障，解决打击工作中的重点和难点问题。今年，工商总局将打击网络传销纳入“2016网络市场监管专项行动”，各地打击网络传销工作成效将在2016年打击传销综治考评中有所体现。

二、加强网络传销案源线索的搜集研判

各级工商、市场监管部门要通过群众举报、公开网络信息浏览发掘、相关部门线索移交等途径，认真梳理筛查网络传销案源线索，从中发现和确定涉嫌从事传销违法活动的网站、网页，综合运用网络调查、实地核实、可疑资金交易分析等手段，加强在线与远程电子数据证据采集、固定和分析工作，获取涉及的单位、人员、银行账户、活动范围、活动地点、服务器和网站所在地及在本地区活动情况等信息，会同有关部门迅速采取措施，深挖扩线，追根溯源，确定重点打击对象。

重庆市工商局、福建省泉州市工商局作为总局网络传销监测查处试点单位，将在监测搜集网络传销信息、转办案源线索、电子数据分析、获取固定证据等方面为全国工商、市场监管部门提供技术支撑和经验借鉴。各地工商、市场监管部门对接到的案源线索，要及时调查处理并向监测点单位反馈。

三、加强网络传销案件的报备与查处

县、市级工商、市场监管部门查处网络传销案件，应在立案前或立案同时逐级报备至省级工商、市场监管部门。报备内容应包括：涉案主体名称，涉案主体利用网络平台进行传销活动的官网域名及会员管理平台域名、注册地或主要涉案人员姓名、住所地，案件线索来源，立案时间及案情简要介绍等情况。上级工商、市场监管部门经比对后，发现其他工商、市场监管部门已经对同一涉案主体立案查处的，应及时将相关情况通报下级工商、市场监管部门，并做好案件查处的协调指导工作。各省级工商、市场监管部门应加强系统内外横向沟通，调度掌握全面情况，及时组织案件查处。

网络传销案件由违法行为发生地工商、市场监管部门负责查处。涉及多个地域或者违法行为发生地不易确定的网络传销案件，由最先立案的工商、市场监管部门或者主要违法行为发生地工商、市场监管部门负责查处。发生争议的，按照有利于案件打击处置、保证案件公正处理的原则协商解决；协商不成的，由共同上一级工商、市场监管部门指定有关工商、市场监管部门立案查处。重大、疑难网络传销案件，由工商总局指定管辖。

各级工商、市场监管部门应当进一步提高网络传销案件数据取证能力，按照《关于工商行政管理机关电子数据证据取证工作的指导意见》（工商市字〔2011〕248 号）等相关规定要求进行取证，必要时委托第三方电子数据司法鉴定或技术服务机构协助取证，确保电子证据的合法、有效。

属地工商、市场监管部门应当加强对搜索引擎、社交平台、第三方交易平台、第三方支付工具等网络服务提供商的监督规范，建立常态化、通畅的沟通渠道。对利用其提供的服务渠道实施的传销行为，明确其为各级工商、市场监管部门开展调查取证、处理违法信息提供必要的协助配合，对不履行相关义务的，依法追究其责任。

四、加强部门协作，切断网络传销信息传播渠道

网络传销的宣传大多利用互联网、移动终端网络开展，采用建立专门宣传信息网站、网页，通过社交平台进行实时交流等方式进行。各级工商、市场监管部门要强化与通信、网信管理部门的协作，建立密切的长效性的网络监控、信息搜索、线索移送等方面的工作机制，清除互联网上的传销宣传信息，关闭传销网络培训空间。网络传销案件办结后，办案机关应将涉案宣传网站、网页和会员系统网站提请通信、网信管理部门采取技术措施予以处理。对服务器设在境外，境内无实体可查的传销网站、系统，应移送通信、网信管理部门进行处理，并及时向社会发布预警提示。

主要网络服务提供商所在地工商、市场监管部门要依法加强管理，引导其建立实时的传销信息关键词上传渠道屏蔽、网络平台信息搜索等功能，即时删除有关传销信息，净化网络信息环境。

五、加强宣传教育，维护社会稳定

各级工商、市场监管部门要积极利用新闻和网络媒体，采取多种形式宣传报道查处的网络传销典型案例，充分宣传网络传销的危害、特点和骗人伎俩，揭露其违法本质，不断提高群众抵制和防范网络传销的意识和能力。

各级工商、市场监管部门要密切关注舆情动态，切实加强苗头性、倾向性情报信息研判。开展打击查处网络传销大要案件行动前，要充分考虑可能会产生的影响，做好风险评估，制定应急预案，及时上报地方党委政府，把不稳定因素控制在萌芽状态，防止群体性事件的发生。对因查处网络传销案件而发生的群体性事件，要在地方党委政府领导下，依法妥善处置在当地，切实维护社会稳定。

附件：总局网络传销监测查处试点单位任务分工（略）

最高人民法院、最高人民检察院、公安部关于办理组织领导传销活动刑事案件适用法律若干问题的意见

（2013 年 11 月 14 日　公通字〔2013〕37 号）

各省、自治区、直辖市高级人民法院，人民检察院，公安厅、局，解放军军事法院、军事检察院，新疆维吾尔自治区高级人民法院生产建设兵团分院，新疆生产建设兵团人民检察院、公安局：

为解决近年来公安机关、人民检察院、人民法院在办理组织、领导传销活动刑事案件中遇到的问题，依法惩治组织、领导传销活动犯罪，根据刑法、刑事诉讼法的规定，结合司法实践，现就办理组织、领导传销活动刑事案件适用法律问题提出以下意见：

一、关于传销组织层级及人数的认定问题

以推销商品、提供服务等经营活动为名，要求参加者以缴纳费用或者购买商品、服务等方式获得加入资格，并按照一定顺序组成层级，直接或者间接以发展人员的数量作为计酬或者返利依据，引诱、胁迫参加者继续发展他人参加，骗取财物，扰乱经济社会秩序的传销组织，其组织内部参与传销活动人员在三十人以上且层级在三级以上的，应当对组织者、领导者追究刑事责任。

组织、领导多个传销组织，单个或者多个组织中的层级已达三级以上的，可将在各个组织中发展的人数合并计算。

组织者、领导者形式上脱离原传销组织后，继续从原传销组织获取报酬或者返利的，原传销组织在其脱离后发展人员的层级数和人数，应当计算为其发展的层级数和人数。

办理组织、领导传销活动刑事案件中，确因客观条件的限制无法逐一收集参与传销活动人员的言词证据的，可以结合依法收集并查证属实的缴纳、支付费用及计酬、返利记录，视听资料，传销人员关系图，银行账户交易记录，互联网电子数据，鉴定意见等证据，综合认定参与传销的人数、层级数等犯罪事实。

二、关于传销活动有关人员的认定和处理问题

下列人员可以认定为传销活动的组织者、领导者：

（一）在传销活动中起发起、策划、操纵作用的人员；

（二）在传销活动中承担管理、协调等职责的人员；

（三）在传销活动中承担宣传、培训等职责的人员；

（四）曾因组织、领导传销活动受过刑事处罚，或者一年以内因组织、领导传销活动受过行政处罚，又直接或者间接发展参与传销活动人员在十五人以上且层级在三级以上的人员；

（五）其他对传销活动的实施、传销组织的建立、扩大等起关键作用的人员。

以单位名义实施组织、领导传销活动犯罪的，对于受单位指派，仅从事劳务性工作的人员，一般不予追究刑事责任。

三、关于“骗取财物”的认定问题

传销活动的组织者、领导者采取编造、歪曲国家政策，虚构、夸大经营、投资、服务项目及盈利前景，掩饰计酬、返利真实来源或者其他欺诈手段，实施刑法第二百二十四条之一规定的行为，从参与传销活动人员缴纳的费用或者购买商品、服务的费用中非法获利的，应当认定为骗取财物。参与传销活动人员是否认为被骗，不影响骗取财物的认定。

四、关于“情节严重”的认定问题

对符合本意见第一条第一款规定的传销组织的组织者、领导者，具有下列情形之一的，应当认定为刑法第二百二十四条之一规定的“情节严重”：

（一）组织、领导的参与传销活动人员累计达一百二十人以上的；

（二）直接或者间接收取参与传销活动人员缴纳的传销资金数额累计达二百五十万元以上的；

（三）曾因组织、领导传销活动受过刑事处罚，或者一年以内因组织、领导传销活动受过行政处罚，又直接或者间接发展参与传销活动人员累计达六十人以上的；

（四）造成参与传销活动人员精神失常、自杀等严重后果的；

（五）造成其他严重后果或者恶劣社会影响的。

五、关于“团队计酬”行为的处理问题

传销活动的组织者或者领导者通过发展人员，要求传销活动的被发展人员发展其他人员加入，形成上下线关系，并以下线的销售业绩为依据计算和给付上线报酬，牟取非法利益的，是“团队计酬”式传销活动。

以销售商品为目的、以销售业绩为计酬依据的单纯的“团队计酬”式传销活动，不作为犯罪处理。形式上采取“团队计酬”方式，但实质上属于“以发展人员的数量作为计酬或者返利依据”的传销活动，应当依照刑法第二百二十四条之一的规定，以组织、领导传销活动罪定罪处罚。

六、关于罪名的适用问题

以非法占有为目的，组织、领导传销活动，同时构成组织、领导传销活动罪和集资诈骗罪的，依照处罚较重的规定定罪处罚。

犯组织、领导传销活动罪，并实施故意伤害、非法拘禁、敲诈勒索、妨害公务、聚众扰乱社会秩序、聚众冲击国家机关、聚众扰乱公共场所秩序、交通秩序等行为，构成犯罪的，依照数罪并罚的规定处罚。

七、其他问题

本意见所称“以上”、“以内”，包括本数。

本意见所称“层级”和“级”，系指组织者、领导者与参与传销活动人员之间的上下线关系层次，而非组织者、领导者在传销组织中的身份等级。

对传销组织内部人数和层级数的计算，以及对组织者、领导者直接或者间接发展参与传销活动人员人数和层级数的计算，包括组织者、领导者本人及其本层级在内。

国务院办公厅对《禁止传销条例》中传销查处认定部门解释的函

（2007年6月6日　国办函〔2007〕65号）

公安部、工商总局：

经国务院同意，现就《禁止传销条例》（以下简称条例）中传销查处认定部门解释如下：

2005年国务院公布了条例，确立了工商部门和公安机关共同查处传销行为的机制，并明确了工商部门和公安机关都有受理举报和向社会公开发布警示的职责，同时还规定了案件移送制度。依照条例规定，工商部门和公安机关在各自的职责范围内都应当对传销行为进行查处，并依照各自职责分别依法对传销行为予以认定。工商部门查处传销行为，对涉嫌犯罪的，应当依法移送公安机关立案侦查；公安机关立案侦查的涉嫌犯罪的传销案件，对经侦查认定不构成犯罪的，应当依法移交工商部门查处。

中华人民共和国反不正当竞争法

（1993年9月2日第八届全国人民代表大会常务委员会第三次会议通过　1993年9月2日中华人民共和国主席令第10号公布　自1993年12月1日起施行）

第一章　总　　则

第一条　【立法目的】为保障社会主义市场经济健康发展，鼓励和保护公平竞争，制止不正当竞争行为，保护经营者和消费者的合法权益，制定本法。

第二条　【经营原则】经营者在市场交易中，应当遵循自愿、平等、公平、诚实信用的原则，遵守公认的商业道德。

本法所称的不正当竞争，是指经营者违反本法规定，损害其他经营者的合法权益，扰乱社会经济秩序的行为。

本法所称的经营者，是指从事商品经营或者营利性服务（以下所称商品包括服务）的法人、其他经济组织和个人。

第三条　【政府管理】各级人民政府应当采取措施，制止不正当竞争行为，为公平竞争创造良好的环境和条件。

县级以上人民政府工商行政管理部门对不正当竞争行为进行监督检查；法律、行政法规规定由其他部门监督检查的，依照其规定。

第四条　【社会监督】国家鼓励、支持和保护一切组织和个人对不正当竞争行为进行社会监督。

国家机关工作人员不得支持、包庇不正当竞争行为。

第二章　不正当竞争行为

第五条　【不正当竞争手段】经营者不得采用下列不正当手段从事市场交易，损害竞争对手：

（一）假冒他人的注册商标；

（二）擅自使用知名商品特有的名称、包装、装潢，或者使用与知名商品近似的名称、包装、装潢，造成和他人的知名商品相混淆，使购买者误认为是该知名商品；

（三）擅自使用他人的企业名称或者姓名，引人误认为是他人的商品；

（四）在商品上伪造或者冒用认证标志、名优标志等质量标志，伪造产地，对商品质量作引人误解的虚假表示。

第六条　【禁止垄断经营】公用企业或者其他依法具有独占地位的经营者，不得限定他人购买其指定的经营者的商品，以排挤其他经营者的公平竞争。

第七条　【禁止权力经营】政府及其所属部门不得滥用行政权力，限定他人购买其指定的经营者的商品，限制其他经营者正当的经营活动。

政府及其所属部门不得滥用行政权力，限制外地商品进入本地市场，或者本地商品流向外地市场。

第八条　【回扣和正当折扣】经营者不得采用财物或者其他手段进行贿赂以销售或者购买商品。在账外暗中给予对方单位或者个人回扣的，以行贿论处；对方单位或者个人在账外暗中收受回扣的，以受贿论处。

经营者销售或者购买商品，可以以明示方式给对方折扣，可以给中间人佣金。经营者给对方折扣、给中间人佣金的，必须如实入账。接受折扣、佣金的经营者必须如实入账。

第九条　【禁止虚假宣传】经营者不得利用广告或者其他方法，对商品的质量、制作成分、性能、用途、生产者、有效期限、产地等作引人误解的虚假宣传。

广告的经营者不得在明知或者应知的情况下，代理、设计、制作、发布虚假广告。

第十条　【侵犯商业秘密】经营者不得采用下列手段侵犯商业秘密：

（一）以盗窃、利诱、胁迫或者其他不正当手段获取权利人的商业秘密；

（二）披露、使用或者允许他人使用以前项手段获取的权利人的商业秘密；

（三）违反约定或者违反权利人有关保守商业秘密的要求，披露、使用或者允许他人使用其所掌握的商业秘密。

第三人明知或者应知前款所列违法行为，获取、使用或者披露他人的商业秘密，视为侵犯商业秘密。

本条所称的商业秘密，是指不为公众所知悉、能为权利人带来经济利益、具有实用性并经权利人采取保密措施的技术信息和经营信息。

第十一条　【禁止倾销】经营者不得以排挤竞争对手为目的，以低于成本的价格销售商品。

有下列情形之一的，不属于不正当竞争行为：

（一）销售鲜活商品；

（二）处理有效期限即将到期的商品或者其他积压的商品；

（三）季节性降价；

（四）因清偿债务、转产、歇业降价销售商品。

第十二条　【禁止搭售】经营者销售商品，不得违背购买者的意愿搭售商品或者附加其他不合理的条件。

第十三条　【禁止有奖销售】经营者不得从事下列有奖销售：

（一）采用谎称有奖或者故意让内定人员中奖的欺骗方式进行有奖销售；

（二）利用有奖销售的手段推销质次价高的商品；

（三）抽奖式的有奖销售，最高奖的金额超过5 000元。

第十四条　【不得损害商誉】经营者不得捏造、散布虚伪事实，损害竞争对手的商业信誉、商品声誉。

第十五条　【招投标之禁止】投标者不得串通投标，抬高标价或者压低标价。

投标者和招标者不得相互勾结，以排挤竞争对手的公平竞争。

第三章　监督检查

第十六条　【监督检查主体】县级以上监督检查部门对不正当竞争行为，可以进行监督检查。

第十七条　【监督检查主体职权】监督检查部门在监督检查不正当竞争行为时，有权行使下列职权：

（一）按照规定程序询问被检查的经营者、利害关系人、证明人，并要求提供证明材料或者与不正当竞争行为有关的其他资料；

（二）查询、复制与不正当竞争行为有关的协议、账册、单据、文件、记录、业务函电和其他资料；

（三）检查与本法第五条规定的不正当竞争行为有关的财物，必要时可以责令被检查的经营者说明该商品的来源和数量，暂停销售，听候检查，不得转移、隐匿、销毁该财物。

第十八条　【监督检查程序】监督检查部门工作人员监督检查不正当竞争行为时，应当出示检查证件。

第十九条　【被检查者义务】监督检查部门在监督检查不正当竞争行为时，被检查的经营者、利害关系人和证明人应当如实提供有关资料或者情况。

第四章　法律责任

第二十条　【民事赔偿及范围】经营者违反本法规定，给被侵害的经营者造成损害的，应当承担损害赔偿责任，被侵害的经营者的损失难以计算的，赔偿额为侵权人在侵权期间因侵权所获得的利润；并应当承担被侵害的经营者因调查该经营者侵害其合法权益的不正当竞争行为所支付的合理费用。

被侵害的经营者的合法权益受到不正当竞争行为损害的，可以向人民法院提起诉讼。

第二十一条　【假冒标识的责任】经营者假冒他人的注册商标，擅自使用他人的企业名称或者姓名，伪造或者冒用认证标志、名优标志等质量标志，伪造产地，对商品质量作引人误解的虚假表示的，依照《中华人民共和国商标法》、《中华人民共和国产品质量法》的规定处罚。

经营者擅自使用知名商品特有的名称、包装、装潢，或者使用与知名商品近似的名称、包装、装潢，造成和他人的知名商品相混淆，使购买者误认为是该知名商品的，监督检查部门应当责令停止违法行为，没收违法所得，可以根据情节处以违法所得1倍以上3倍以下的罚款；情节严重的，可以吊销营业执照；销售伪劣商品，构成犯罪的，依法追究刑事责任。

第二十二条　【贿赂销售或者购买商品的责任】经营者采用财物或者其他手段进行贿赂以销售或者购买商品，构成犯罪的，依法追究刑事责任；不构成犯罪的，监督检查部门可以根据情节处以1万元以上20万元以下的罚款，有违法所得的，予以没收。

第二十三条　【垄断经营的责任】公用企业或者其他依法具有独占地位的经营者，限定他人购买其指定的经营者的商品，以排挤其他经营者的公平竞争的，省级或者设区的市的监督检查部门应当责令停止违法行为，可以根据情节处以5万元以上20万元以下的罚款。被指定的经营者借此销售质次价高商品或者滥收费用的，监督检查部门应当没收违法所得，可以根据情节处以违法所得1倍以上3倍以下的罚款。

第二十四条　【虚假宣传的责任】经营者利用广告或者其他方法，对商品作引人误解的虚假宣传的，监督检查部门应当责令停止违法行为，消除影响，可以根据情节处以1万元以上

20 万元以下的罚款。

广告的经营者，在明知或者应知的情况下，代理、设计、制作、发布虚假广告的，监督检查部门应当责令停止违法行为，没收违法所得，并依法处以罚款。

第二十五条　【侵犯商业秘密的责任】违反本法第十条规定侵犯商业秘密的，监督检查部门应当责令停止违法行为，可以根据情节处以 1 万元以上 20 万元以下的罚款。

第二十六条　【违法有奖销售的责任】经营者违反本法第十三条规定进行有奖销售的，监督检查部门应当责令停止违法行为，可以根据情节处以 1 万元以上 10 万元以下的罚款。

第二十七条　【串通招投标的责任】投标者串通投标，抬高标价或者压低标价；投标者和招标者相互勾结，以排挤竞争对手的公平竞争的，其中标无效。监督检查部门可以根据情节处以 1 万元以上 20 万元以下的罚款。

第二十八条　【转移、隐匿、销毁与不正当竞争行为有关的财物的责任】经营者有违反被责令暂停销售，不得转移、隐匿、销毁与不正当竞争行为有关的财物的行为的，监督检查部门可以根据情节处以被销售、转移、隐匿、销毁财物的价款的 1 倍以上 3 倍以下的罚款。

第二十九条　【被处罚者的救济】当事人对监督检查部门作出的处罚决定不服的，可以自收到处罚决定之日起 15 日内向上一级主管机关申请复议；对复议决定不服的，可以自收到复议决定书之日起 15 日内向人民法院提起诉讼；也可以直接向人民法院提起诉讼。

第三十条　【政府违法的责任】政府及其所属部门违反

本法第七条规定，限定他人购买其指定的经营者的商品、限制其他经营者正当的经营活动，或者限制商品在地区之间正常流通的，由上级机关责令其改正；情节严重的，由同级或者上级机关对直接责任人员给予行政处分。被指定的经营者借此销售质次价高商品或者滥收费用的，监督检查部门应当没收违法所得，可以根据情节处以违法所得1倍以上3倍以下的罚款。

第三十一条　【检查人员违法的责任】 监督检查不正当竞争行为的国家机关工作人员滥用职权、玩忽职守，构成犯罪的，依法追究刑事责任；不构成犯罪的，给予行政处分。

第三十二条　【包庇犯罪的责任】 监督检查不正当竞争行为的国家机关工作人员徇私舞弊，对明知有违反本法规定构成犯罪的经营者故意包庇不使他受追诉的，依法追究刑事责任。

第五章　附　　则

第三十三条　【实施日期】 本法自1993年12月1日起施行。

中华人民共和国产品质量法

（1993 年 2 月 22 日第七届全国人民代表大会常务委员会第三十次会议通过　根据 2000 年 7 月 8 日第九届全国人民代表大会常务委员会第十六次会议《关于修改〈中华人民共和国产品质量法〉的决定》第一次修正　根据 2009 年 8 月 27 日第十一届全国人民代表大会常务委员会第十次会议《关于修改部分法律的决定》第二次修正）

第一章　总　　则

第一条　【立法目的】为了加强对产品质量的监督管理，提高产品质量水平，明确产品质量责任，保护消费者的合法权益，维护社会经济秩序，制定本法。

第二条　【适用范围】在中华人民共和国境内从事产品生产、销售活动，必须遵守本法。

本法所称产品是指经过加工、制作，用于销售的产品。

建设工程不适用本法规定；但是，建设工程使用的建筑材料、建筑构配件和设备，属于前款规定的产品范围的，适用本法规定。

第三条　【建立健全内部产品质量管理制度】生产者、销售者应当建立健全内部产品质量管理制度，严格实施岗位质量规范、质量责任以及相应的考核办法。

第四条　【依法承担产品质量责任】生产者、销售者依照本法规定承担产品质量责任。

第五条　【禁止行为】禁止伪造或者冒用认证标志等质量标志；禁止伪造产品的产地，伪造或者冒用他人的厂名、厂址；禁止在生产、销售的产品中掺杂、掺假，以假充真，以次充好。

第六条　【鼓励推行先进科学技术】国家鼓励推行科学的质量管理方法，采用先进的科学技术，鼓励企业产品质量达到并且超过行业标准、国家标准和国际标准。

对产品质量管理先进和产品质量达到国际先进水平、成绩显著的单位和个人，给予奖励。

第七条　【各级人民政府保障本法的施行】各级人民政府应当把提高产品质量纳入国民经济和社会发展规划，加强对产品质量工作的统筹规划和组织领导，引导、督促生产者、销售者加强产品质量管理，提高产品质量，组织各有关部门依法采取措施，制止产品生产、销售中违反本法规定的行为，保障本法的施行。

第八条　【监管部门的监管权限】国务院产品质量监督部门主管全国产品质量监督工作。国务院有关部门在各自的职责范围内负责产品质量监督工作。

县级以上地方产品质量监督部门主管本行政区域内的产品质量监督工作。县级以上地方人民政府有关部门在各自的职责范围内负责产品质量监督工作。

法律对产品质量的监督部门另有规定的，依照有关法律的规定执行。

第九条　【各级政府的禁止行为】各级人民政府工作人员

和其他国家机关工作人员不得滥用职权、玩忽职守或者徇私舞弊，包庇、放纵本地区、本系统发生的产品生产、销售中违反本法规定的行为，或者阻挠、干预依法对产品生产、销售中违反本法规定的行为进行查处。

各级地方人民政府和其他国家机关有包庇、放纵产品生产、销售中违反本法规定的行为的，依法追究其主要负责人的法律责任。

第十条　【公众检举权】任何单位和个人有权对违反本法规定的行为，向产品质量监督部门或者其他有关部门检举。

产品质量监督部门和有关部门应当为检举人保密，并按照省、自治区、直辖市人民政府的规定给予奖励。

第十一条　【禁止产品垄断经营】任何单位和个人不得排斥非本地区或者非本系统企业生产的质量合格产品进入本地区、本系统。

第二章　产品质量的监督

第十二条　【产品质量要求】产品质量应当检验合格，不得以不合格产品冒充合格产品。

第十三条　【工业产品质量标准要求】可能危及人体健康和人身、财产安全的工业产品，必须符合保障人体健康和人身、财产安全的国家标准、行业标准；未制定国家标准、行业标准的，必须符合保障人体健康和人身、财产安全的要求。

禁止生产、销售不符合保障人体健康和人身、财产安全的标准和要求的工业产品。具体管理办法由国务院规定。

第十四条　【企业质量体系认证制度】国家根据国际通用的质量管理标准，推行企业质量体系认证制度。企业根据自愿原则可以向国务院产品质量监督部门认可的或者国务院产品质量监督部门授权的部门认可的认证机构申请企业质量体系认证。经认证合格的，由认证机构颁发企业质量体系认证证书。

国家参照国际先进的产品标准和技术要求，推行产品质量认证制度。企业根据自愿原则可以向国务院产品质量监督部门认可的或者国务院产品质量监督部门授权的部门认可的认证机构申请产品质量认证。经认证合格的，由认证机构颁发产品质量认证证书，准许企业在产品或者其包装上使用产品质量认证标志。

第十五条　【以抽查为主要方式的组织领导监督检查制度】国家对产品质量实行以抽查为主要方式的监督检查制度，对可能危及人体健康和人身、财产安全的产品，影响国计民生的重要工业产品以及消费者、有关组织反映有质量问题的产品进行抽查。抽查的样品应当在市场上或者企业成品仓库内的待销产品中随机抽取。监督抽查工作由国务院产品质量监督部门规划和组织。县级以上地方产品质量监督部门在本行政区域内也可以组织监督抽查。法律对产品质量的监督检查另有规定的，依照有关法律的规定执行。

国家监督抽查的产品，地方不得另行重复抽查；上级监督抽查的产品，下级不得另行重复抽查。

根据监督抽查的需要，可以对产品进行检验。检验抽取样品的数量不得超过检验的合理需要，并不得向被检查人收取检验费用。监督抽查所需检验费用按照国务院规定列支。

生产者、销售者对抽查检验的结果有异议的，可以自收到检验结果之日起 15 日内向实施监督抽查的产品质量监督部门或者其上级产品质量监督部门申请复检，由受理复检的产品质量监督部门作出复检结论。

第十六条　【质量监督检查】对依法进行的产品质量监督检查，生产者、销售者不得拒绝。

第十七条　【违反监督抽查规定的行政责任】依照本法规定进行监督抽查的产品质量不合格的，由实施监督抽查的产品质量监督部门责令其生产者、销售者限期改正。逾期不改正的，由省级以上人民政府产品质量监督部门予以公告；公告后经复查仍不合格的，责令停业，限期整顿；整顿期满后经复查产品质量仍不合格的，吊销营业执照。

监督抽查的产品有严重质量问题的，依照本法第五章的有关规定处罚。

第十八条　【县级以上产品质量监督部门职权范围】县级以上产品质量监督部门根据已经取得的违法嫌疑证据或者举报，对涉嫌违反本法规定的行为进行查处时，可以行使下列职权：

（一）对当事人涉嫌从事违反本法的生产、销售活动的场所实施现场检查；

（二）向当事人的法定代表人、主要负责人和其他有关人员调查、了解与涉嫌从事违反本法的生产、销售活动有关的情况；

（三）查阅、复制当事人有关的合同、发票、账簿以及其他有关资料；

（四）对有根据认为不符合保障人体健康和人身、财产安全的国家标准、行业标准的产品或者有其他严重质量问题的产品，以及直接用于生产、销售该项产品的原辅材料、包装物、生产工具，予以查封或者扣押。

县级以上工商行政管理部门按照国务院规定的职责范围，对涉嫌违反本法规定的行为进行查处时，可以行使前款规定的职权。

第十九条　【产品质量检验机构设立条件】产品质量检验机构必须具备相应的检测条件和能力，经省级以上人民政府产品质量监督部门或者其授权的部门考核合格后，方可承担产品质量检验工作。法律、行政法规对产品质量检验机构另有规定的，依照有关法律、行政法规的规定执行。

第二十条　【产品质量检验、认证中介机构依法设立】从事产品质量检验、认证的社会中介机构必须依法设立，不得与行政机关和其他国家机关存在隶属关系或者其他利益关系。

第二十一条　【产品质量检验、认证机构必须依法出具检验结果、认证证明】产品质量检验机构、认证机构必须依法按照有关标准，客观、公正地出具检验结果或者认证证明。

产品质量认证机构应当依照国家规定对准许使用认证标志的产品进行认证后的跟踪检查；对不符合认证标准而使用认证标志的，要求其改正；情节严重的，取消其使用认证标志的资格。

第二十二条　【消费者的查询、申诉权】消费者有权就产品质量问题，向产品的生产者、销售者查询；向产品质量监督部门、工商行政管理部门及有关部门申诉，接受申诉的部门应当负责处理。

第二十三条　【消费者权益组织的职能】保护消费者权益的社会组织可以就消费者反映的产品质量问题建议有关部门负

责处理，支持消费者对因产品质量造成的损害向人民法院起诉。

第二十四条　【抽查产品质量状况定期公告】国务院和省、自治区、直辖市人民政府的产品质量监督部门应当定期发布其监督抽查的产品的质量状况公告。

第二十五条　【监管机构的禁止行为】产品质量监督部门或者其他国家机关以及产品质量检验机构不得向社会推荐生产者的产品；不得以对产品进行监制、监销等方式参与产品经营活动。

第三章　生产者、销售者的产品质量责任和义务

第一节　生产者的产品质量责任和义务

第二十六条　【生产者的产品质量要求】生产者应当对其生产的产品质量负责。

产品质量应当符合下列要求：

（一）不存在危及人身、财产安全的不合理的危险，有保障人体健康和人身、财产安全的国家标准、行业标准的，应当符合该标准；

（二）具备产品应当具备的使用性能，但是，对产品存在使用性能的瑕疵作出说明的除外；

（三）符合在产品或者其包装上注明采用的产品标准，符合以产品说明、实物样品等方式表明的质量状况。

第二十七条　【产品及其包装上的标识要求】产品或者其包装上的标识必须真实，并符合下列要求：

（一）有产品质量检验合格证明；

（二）有中文标明的产品名称、生产厂厂名和厂址；

（三）根据产品的特点和使用要求，需要标明产品规格、等级、所含主要成份的名称和含量的，用中文相应予以标明；需要事先让消费者知晓的，应当在外包装上标明，或者预先向消费者提供有关资料；

（四）限期使用的产品，应当在显著位置清晰地标明生产日期和安全使用期或者失效日期；

（五）使用不当，容易造成产品本身损坏或者可能危及人身、财产安全的产品，应当有警示标志或者中文警示说明。

裸装的食品和其他根据产品的特点难以附加标识的裸装产品，可以不附加产品标识。

第二十八条　【危险物品包装质量要求】易碎、易燃、易爆、有毒、有腐蚀性、有放射性等危险物品以及储运中不能倒置和其他有特殊要求的产品，其包装质量必须符合相应要求，依照国家有关规定作出警示标志或者中文警示说明，标明储运注意事项。

第二十九条　【禁止生产国家明令淘汰的产品】生产者不得生产国家明令淘汰的产品。

第三十条　【禁止伪造产地、伪造或者冒用他人的厂名、厂址】生产者不得伪造产地，不得伪造或者冒用他人的厂名、厂址。

第三十一条　【禁止伪造或者冒用认证标志等质量标志】生产者不得伪造或者冒用认证标志等质量标志。

第三十二条　【生产者的禁止行为】生产者生产产品，不得掺杂、掺假，不得以假充真、以次充好，不得以不合格产品冒充合格产品。

第二节　销售者的产品质量责任和义务

第三十三条　【进货检查验收制度】销售者应当建立并执行进货检查验收制度，验明产品合格证明和其他标识。

第三十四条　【保持销售产品质量的义务】销售者应当采取措施，保持销售产品的质量。

第三十五条　【禁止销售的产品范围】销售者不得销售国家明令淘汰并停止销售的产品和失效、变质的产品。

第三十六条　【销售产品的标识要求】销售者销售的产品的标识应当符合本法第二十七条的规定。

第三十七条　【禁止伪造产地、伪造或者冒用他人的厂名、厂址】销售者不得伪造产地，不得伪造或者冒用他人的厂名、厂址。

第三十八条　【禁止伪造或者冒用认证标志等质量标志】销售者不得伪造或者冒用认证标志等质量标志。

第三十九条　【销售者的禁止行为】销售者销售产品，不得掺杂、掺假，不得以假充真、以次充好，不得以不合格产品冒充合格产品。

第四章　损害赔偿

第四十条　【销售者的损害赔偿责任】售出的产品有下列情形之一的，销售者应当负责修理、更换、退货；给购买产品的消费者造成损失的，销售者应当赔偿损失：

（一）不具备产品应当具备的使用性能而事先未作说明的；

（二）不符合在产品或者其包装上注明采用的产品标准的；

（三）不符合以产品说明、实物样品等方式表明的质量状况的。

销售者依照前款规定负责修理、更换、退货、赔偿损失后，属于生产者的责任或者属于向销售者提供产品的其他销售者（以下简称供货者）的责任的，销售者有权向生产者、供货者追偿。

销售者未按照第一款规定给予修理、更换、退货或者赔偿损失的，由产品质量监督部门或者工商行政管理部门责令改正。

生产者之间，销售者之间，生产者与销售者之间订立的买卖合同、承揽合同有不同约定的，合同当事人按照合同约定执行。

第四十一条　【人身、他人财产的损害赔偿责任】因产品存在缺陷造成人身、缺陷产品以外的其他财产（以下简称他人财产）损害的，生产者应当承担赔偿责任。

生产者能够证明有下列情形之一的，不承担赔偿责任：

（一）未将产品投入流通的；

（二）产品投入流通时，引起损害的缺陷尚不存在的；

（三）将产品投入流通时的科学技术水平尚不能发现缺陷的存在的。

第四十二条　【销售者的过错赔偿责任】由于销售者的过错使产品存在缺陷，造成人身、他人财产损害的，销售者应当承担赔偿责任。

销售者不能指明缺陷产品的生产者也不能指明缺陷产品的供货者的，销售者应当承担赔偿责任。

第四十三条　【受害者的选择赔偿权】因产品存在缺陷造成人身、他人财产损害的，受害人可以向产品的生产者要求赔偿，也可以向产品的销售者要求赔偿。属于产品的生产者的责任，产品的销售者赔偿的，产品的销售者有权向产品的生产者追偿。属于产品的销售者的责任，产品的生产者赔偿的，产品的生产者有权向产品的销售者追偿。

第四十四条　【人身伤害的赔偿范围】因产品存在缺陷造成受害人人身伤害的，侵害人应当赔偿医疗费、治疗期间的护理费、因误工减少的收入等费用；造成残疾的，还应当支付残疾者生活自助具费、生活补助费、残疾赔偿金以及由其扶养的人所必需的生活费等费用；造成受害人死亡的，并应当支付丧葬费、死亡赔偿金以及由死者生前扶养的人所必需的生活费等费用。

因产品存在缺陷造成受害人财产损失的，侵害人应当恢复原状或者折价赔偿。受害人因此遭受其他重大损失的，侵害人应当赔偿损失。

第四十五条　【诉讼时效期间】因产品存在缺陷造成损害要求赔偿的诉讼时效期间为 2 年，自当事人知道或者应当知道其权益受到损害时起计算。

因产品存在缺陷造成损害要求赔偿的请求权，在造成损害的缺陷产品交付最初消费者满 10 年丧失；但是，尚未超过明示的安全使用期的除外。

第四十六条　【缺陷的含义】本法所称缺陷，是指产品存在危及人身、他人财产安全的不合理的危险；产品有保障人体健康和人身、财产安全的国家标准、行业标准的，是指不符合该标准。

第四十七条　【纠纷解决方式】因产品质量发生民事纠纷时，当事人可以通过协商或者调解解决。当事人不愿通过协商、调解解决或者协商、调解不成的，可以根据当事人各方的协议向仲裁机构申请仲裁；当事人各方没有达成仲裁协议或者仲裁协议无效的，可以直接向人民法院起诉。

第四十八条　【仲裁机构或者人民法院对产品质量检验的规定】仲裁机构或者人民法院可以委托本法第十九条规定的产品质量检验机构，对有关产品质量进行检验。

第五章　罚　　则

第四十九条　【生产、销售不符合安全标准的产品的行政处罚、刑事责任】生产、销售不符合保障人体健康和人身、财产安全的国家标准、行业标准的产品的，责令停止生产、销售，没收违法生产、销售的产品，并处违法生产、销售产品（包括已售出和未售出的产品，下同）货值金额等值以上3倍以下的罚款；有违法所得的，并处没收违法所得；情节严重的，吊销营业执照；构成犯罪的，依法追究刑事责任。

第五十条　【假冒产品的行政处罚、刑事责任】在产品中掺杂、掺假，以假充真，以次充好，或者以不合格产品冒充合格产品的，责令停止生产、销售，没收违法生产、销售的产品，并处违法生产、销售产品货值金额50%以上3倍以下的罚款；

有违法所得的，并处没收违法所得；情节严重的，吊销营业执照；构成犯罪的，依法追究刑事责任。

第五十一条 【生产、销售淘汰产品的行政处罚规定】生产国家明令淘汰的产品的，销售国家明令淘汰并停止销售的产品的，责令停止生产、销售，没收违法生产、销售的产品，并处违法生产、销售产品货值金额等值以下的罚款；有违法所得的，并处没收违法所得；情节严重的，吊销营业执照。

第五十二条 【销售失效、变质的产品的行政处罚、刑事责任】销售失效、变质的产品的，责令停止销售，没收违法销售的产品，并处违法销售产品货值金额2倍以下的罚款；有违法所得的，并处没收违法所得；情节严重的，吊销营业执照；构成犯罪的，依法追究刑事责任。

第五十三条 【伪造、冒用产品产地、厂名、厂址、标志的行政处罚规定】伪造产品产地的，伪造或者冒用他人厂名、厂址的，伪造或者冒用认证标志等质量标志的，责令改正，没收违法生产、销售的产品，并处违法生产、销售产品货值金额等值以下的罚款；有违法所得的，并处没收违法所得；情节严重的，吊销营业执照。

第五十四条 【不符合产品包装、标识要求的行政处罚规定】产品标识不符合本法第二十七条规定的，责令改正；有包装的产品标识不符合本法第二十七条第（四）项、第（五）项规定，情节严重的，责令停止生产、销售，并处违法生产、销售产品货值金额30%以下的罚款；有违法所得的，并处没收违法所得。

第五十五条 【销售者的从轻或者减轻处罚情节】销售者

销售本法第四十九条至第五十三条规定禁止销售的产品，有充分证据证明其不知道该产品为禁止销售的产品并如实说明其进货来源的，可以从轻或者减轻处罚。

第五十六条　【违反依法接受产品质量监督检查义务的行政处罚规定】拒绝接受依法进行的产品质量监督检查的，给予警告，责令改正；拒不改正的，责令停业整顿；情节特别严重的，吊销营业执照。

第五十七条　【产品质量中介机构的行政处罚、刑事责任规定】产品质量检验机构、认证机构伪造检验结果或者出具虚假证明的，责令改正，对单位处 5 万元以上 10 万元以下的罚款，对直接负责的主管人员和其他直接责任人员处 1 万元以上 5 万元以下的罚款；有违法所得的，并处没收违法所得；情节严重的，取消其检验资格、认证资格；构成犯罪的，依法追究刑事责任。

产品质量检验机构、认证机构出具的检验结果或者证明不实，造成损失的，应当承担相应的赔偿责任；造成重大损失的，撤销其检验资格、认证资格。

产品质量认证机构违反本法第二十一条第二款的规定，对不符合认证标准而使用认证标志的产品，未依法要求其改正或者取消其使用认证标志资格的，对因产品不符合认证标准给消费者造成的损失，与产品的生产者、销售者承担连带责任；情节严重的，撤销其认证资格。

第五十八条　【社会团体、社会中介机构的连带赔偿责任】社会团体、社会中介机构对产品质量作出承诺、保证，而该产品又不符合其承诺、保证的质量要求，给消费者造成损失的，与产品的生产者、销售者承担连带责任。

第五十九条　【虚假广告的责任承担】在广告中对产品质量作虚假宣传，欺骗和误导消费者的，依照《中华人民共和国广告法》的规定追究法律责任。

第六十条　【生产伪劣产品的材料、包装、工具的没收】对生产者专门用于生产本法第四十九条、第五十一条所列的产品或者以假充真的产品的原辅材料、包装物、生产工具，应当予以没收。

第六十一条　【运输、保管、仓储部门的责任承担】知道或者应当知道属于本法规定禁止生产、销售的产品而为其提供运输、保管、仓储等便利条件的，或者为以假充真的产品提供制假生产技术的，没收全部运输、保管、仓储或者提供制假生产技术的收入，并处违法收入 50% 以上 3 倍以下的罚款；构成犯罪的，依法追究刑事责任。

第六十二条　【服务业经营者的责任承担】服务业的经营者将本法第四十九条至第五十二条规定禁止销售的产品用于经营性服务的，责令停止使用；对知道或者应当知道所使用的产品属于本法规定禁止销售的产品的，按照违法使用的产品（包括已使用和尚未使用的产品）的货值金额，依照本法对销售者的处罚规定处罚。

第六十三条　【隐匿、转移、变卖、损毁被依法查封、扣押的物品的行政责任】隐匿、转移、变卖、损毁被产品质量监督部门或者工商行政管理部门查封、扣押的物品的，处被隐匿、转移、变卖、损毁物品货值金额等值以上 3 倍以下的罚款；有违法所得的，并处没收违法所得。

第六十四条　【民事赔偿责任优先原则】违反本法规定，应当承担民事赔偿责任和缴纳罚款、罚金，其财产不足以同时支付时，先承担民事赔偿责任。

第六十五条　【国家工作人员的责任承担】各级人民政府工作人员和其他国家机关工作人员有下列情形之一的，依法给予行政处分；构成犯罪的，依法追究刑事责任：

（一）包庇、放纵产品生产、销售中违反本法规定行为的；

（二）向从事违反本法规定的生产、销售活动的当事人通风报信，帮助其逃避查处的；

（三）阻挠、干预产品质量监督部门或者工商行政管理部门依法对产品生产、销售中违反本法规定的行为进行查处，造成严重后果的。

第六十六条　【质检部门的检验责任承担】产品质量监督部门在产品质量监督抽查中超过规定的数量索取样品或者向被检查人收取检验费用的，由上级产品质量监督部门或者监察机关责令退还；情节严重的，对直接负责的主管人员和其他直接责任人员依法给予行政处分。

第六十七条　【国家机关推荐产品的责任承担】产品质量监督部门或者其他国家机关违反本法第二十五条的规定，向社会推荐生产者的产品或者以监制、监销等方式参与产品经营活动的，由其上级机关或者监察机关责令改正，消除影响，有违法收入的予以没收；情节严重的，对直接负责的主管人员和其他直接责任人员依法给予行政处分。

产品质量检验机构有前款所列违法行为的，由产品质量监督部门责令改正，消除影响，有违法收入的予以没收，可以并处违法收入1倍以下的罚款；情节严重的，撤销其质量检验资格。

第六十八条　【产品监管部门工作人员的违法行为的责任承担】产品质量监督部门或者工商行政管理部门的工作人员滥用职权、玩忽职守、徇私舞弊，构成犯罪的，依法追究刑事责任；尚不构成犯罪的，依法给予行政处分。

第六十九条　【妨碍监管公务的行政责任】以暴力、威胁方法阻碍产品质量监督部门或者工商行政管理部门的工作人员依法执行职务的，依法追究刑事责任；拒绝、阻碍未使用暴力、威胁方法的，由公安机关依照治安管理处罚法的规定处罚。

第七十条　【监管部门的行政处罚权限】本法规定的吊销营业执照的行政处罚由工商行政管理部门决定，本法第四十九条至第五十七条、第六十条至第六十三条规定的行政处罚由产品质量监督部门或者工商行政管理部门按照国务院规定的职权范围决定。法律、行政法规对行使行政处罚权的机关另有规定的，依照有关法律、行政法规的规定执行。

第七十一条　【没收产品的处理】对依照本法规定没收的产品，依照国家有关规定进行销毁或者采取其他方式处理。

第七十二条　【货值金额的计算】本法第四十九条至第五十四条、第六十二条、第六十三条所规定的货值金额以违法生产、销售产品的标价计算；没有标价的，按照同类产品的市场价格计算。

第六章　附　　则

第七十三条　【军工产品质量监督管理办法另行制定】军

工产品质量监督管理办法，由国务院、中央军事委员会另行制定。

因核设施、核产品造成损害的赔偿责任，法律、行政法规另有规定的，依照其规定。

第七十四条　【施行日期】本法自 1993 年 9 月 1 日起施行。

中华人民共和国消费者权益保护法

（1993 年 10 月 31 日第八届全国人民代表大会常务委员会第四次会议通过　根据 2009 年 8 月 27 日第十一届全国人民代表大会常务委员会第十次会议《关于修改部分法律的决定》第一次修正　根据 2013 年 10 月 25 日第十二届全国人民代表大会常务委员会第五次会议《关于修改〈中华人民共和国消费者权益保护法〉的决定》第二次修正）

第一章　总　　则

第一条　【立法宗旨】为保护消费者的合法权益，维护社会经济秩序，促进社会主义市场经济健康发展，制定本法。

第二条　【本法调整对象——消费者】消费者为生活消费需要购买、使用商品或者接受服务，其权益受本法保护；本法未作规定的，受其他有关法律、法规保护。

第三条　【本法调整对象——经营者】经营者为消费者提

供其生产、销售的商品或者提供服务，应当遵守本法；本法未作规定的，应当遵守其他有关法律、法规。

第四条 【交易原则】经营者与消费者进行交易，应当遵循自愿、平等、公平、诚实信用的原则。

第五条 【国家保护消费者合法权益的职能】国家保护消费者的合法权益不受侵害。

国家采取措施，保障消费者依法行使权利，维护消费者的合法权益。

国家倡导文明、健康、节约资源和保护环境的消费方式，反对浪费。

第六条 【全社会共同保护消费者合法权益原则】保护消费者的合法权益是全社会的共同责任。

国家鼓励、支持一切组织和个人对损害消费者合法权益的行为进行社会监督。

大众传播媒介应当做好维护消费者合法权益的宣传，对损害消费者合法权益的行为进行舆论监督。

第二章 消费者的权利

第七条 【安全保障权】消费者在购买、使用商品和接受服务时享有人身、财产安全不受损害的权利。

消费者有权要求经营者提供的商品和服务，符合保障人身、财产安全的要求。

第八条 【知情权】消费者享有知悉其购买、使用的商品或者接受的服务的真实情况的权利。

消费者有权根据商品或者服务的不同情况，要求经营者提供商品的价格、产地、生产者、用途、性能、规格、等级、主要成份、生产日期、有效期限、检验合格证明、使用方法说明书、售后服务，或者服务的内容、规格、费用等有关情况。

第九条　【选择权】消费者享有自主选择商品或者服务的权利。

消费者有权自主选择提供商品或者服务的经营者，自主选择商品品种或者服务方式，自主决定购买或者不购买任何一种商品、接受或者不接受任何一项服务。

消费者在自主选择商品或者服务时，有权进行比较、鉴别和挑选。

第十条　【公平交易权】消费者享有公平交易的权利。

消费者在购买商品或者接受服务时，有权获得质量保障、价格合理、计量正确等公平交易条件，有权拒绝经营者的强制交易行为。

第十一条　【获得赔偿权】消费者因购买、使用商品或者接受服务受到人身、财产损害的，享有依法获得赔偿的权利。

第十二条　【成立维权组织权】消费者享有依法成立维护自身合法权益的社会组织的权利。

第十三条　【获得知识权】消费者享有获得有关消费和消费者权益保护方面的知识的权利。

消费者应当努力掌握所需商品或者服务的知识和使用技能，正确使用商品，提高自我保护意识。

第十四条　【受尊重权及信息得到保护权】消费者在购买、使用商品和接受服务时，享有人格尊严、民族风俗习惯得到尊重的权利，享有个人信息依法得到保护的权利。

第十五条 【监督权】消费者享有对商品和服务以及保护消费者权益工作进行监督的权利。

消费者有权检举、控告侵害消费者权益的行为和国家机关及其工作人员在保护消费者权益工作中的违法失职行为，有权对保护消费者权益工作提出批评、建议。

第三章 经营者的义务

第十六条 【经营者义务】经营者向消费者提供商品或者服务，应当依照本法和其他有关法律、法规的规定履行义务。

经营者和消费者有约定的，应当按照约定履行义务，但双方的约定不得违背法律、法规的规定。

经营者向消费者提供商品或者服务，应当恪守社会公德，诚信经营，保障消费者的合法权益；不得设定不公平、不合理的交易条件，不得强制交易。

第十七条 【听取意见、接受监督的义务】经营者应当听取消费者对其提供的商品或者服务的意见，接受消费者的监督。

第十八条 【安全保障义务】经营者应当保证其提供的商品或者服务符合保障人身、财产安全的要求。对可能危及人身、财产安全的商品和服务，应当向消费者作出真实的说明和明确的警示，并说明和标明正确使用商品或者接受服务的方法以及防止危害发生的方法。

宾馆、商场、餐馆、银行、机场、车站、港口、影剧院等经营场所的经营者，应当对消费者尽到安全保障义务。

第十九条　【对存在缺陷的产品和服务及时采取措施的义务】经营者发现其提供的商品或者服务存在缺陷，有危及人身、财产安全危险的，应当立即向有关行政部门报告和告知消费者，并采取停止销售、警示、召回、无害化处理、销毁、停止生产或者服务等措施。采取召回措施的，经营者应当承担消费者因商品被召回支出的必要费用。

第二十条　【提供真实、全面信息的义务】经营者向消费者提供有关商品或者服务的质量、性能、用途、有效期限等信息，应当真实、全面，不得作虚假或者引人误解的宣传。

经营者对消费者就其提供的商品或者服务的质量和使用方法等问题提出的询问，应当作出真实、明确的答复。

经营者提供商品或者服务应当明码标价。

第二十一条　【标明真实名称和标记的义务】经营者应当标明其真实名称和标记。

租赁他人柜台或者场地的经营者，应当标明其真实名称和标记。

第二十二条　【出具发票的义务】经营者提供商品或者服务，应当按照国家有关规定或者商业惯例向消费者出具发票等购货凭证或者服务单据；消费者索要发票等购货凭证或者服务单据的，经营者必须出具。

第二十三条　【质量担保义务、瑕疵举证责任】经营者应当保证在正常使用商品或者接受服务的情况下其提供的商品或者服务应当具有的质量、性能、用途和有效期限；但消费者在购买该商品或者接受该服务前已经知道其存在瑕疵，且存在该瑕疵不违反法律强制性规定的除外。

经营者以广告、产品说明、实物样品或者其他方式表明商品或者服务的质量状况的，应当保证其提供的商品或者服务的实际质量与表明的质量状况相符。

经营者提供的机动车、计算机、电视机、电冰箱、空调器、洗衣机等耐用商品或者装饰装修等服务，消费者自接受商品或者服务之日起六个月内发现瑕疵，发生争议的，由经营者承担有关瑕疵的举证责任。

第二十四条　【退货、更换、修理义务】经营者提供的商品或者服务不符合质量要求的，消费者可以依照国家规定、当事人约定退货，或者要求经营者履行更换、修理等义务。没有国家规定和当事人约定的，消费者可以自收到商品之日起七日内退货；七日后符合法定解除合同条件的，消费者可以及时退货，不符合法定解除合同条件的，可以要求经营者履行更换、修理等义务。

依照前款规定进行退货、更换、修理的，经营者应当承担运输等必要费用。

第二十五条　【无理由退货制度】经营者采用网络、电视、电话、邮购等方式销售商品，消费者有权自收到商品之日起七日内退货，且无需说明理由，但下列商品除外：

（一）消费者定作的；

（二）鲜活易腐的；

（三）在线下载或者消费者拆封的音像制品、计算机软件等数字化商品；

（四）交付的报纸、期刊。

除前款所列商品外，其他根据商品性质并经消费者在购买时确认不宜退货的商品，不适用无理由退货。

消费者退货的商品应当完好。经营者应当自收到退回商品之日起七日内返还消费者支付的商品价款。退回商品的运费由消费者承担；经营者和消费者另有约定的，按照约定。

第二十六条　【格式条款的限制】经营者在经营活动中使用格式条款的，应当以显著方式提请消费者注意商品或者服务的数量和质量、价款或者费用、履行期限和方式、安全注意事项和风险警示、售后服务、民事责任等与消费者有重大利害关系的内容，并按照消费者的要求予以说明。

经营者不得以格式条款、通知、声明、店堂告示等方式，作出排除或者限制消费者权利、减轻或者免除经营者责任、加重消费者责任等对消费者不公平、不合理的规定，不得利用格式条款并借助技术手段强制交易。

格式条款、通知、声明、店堂告示等含有前款所列内容的，其内容无效。

第二十七条　【不得侵犯人格尊严和人身自由的义务】经营者不得对消费者进行侮辱、诽谤，不得搜查消费者的身体及其携带的物品，不得侵犯消费者的人身自由。

第二十八条　【特定领域经营者的信息披露义务】采用网络、电视、电话、邮购等方式提供商品或者服务的经营者，以及提供证券、保险、银行等金融服务的经营者，应当向消费者提供经营地址、联系方式、商品或者服务的数量和质量、价款或者费用、履行期限和方式、安全注意事项和风险警示、售后服务、民事责任等信息。

第二十九条　【收集、使用消费者个人信息】经营者收集、使用消费者个人信息，应当遵循合法、正当、必要的原则，明示收集、使用信息的目的、方式和范围，并经消费者同意。经营者收集、使用消费者个人信息，应当公开其收集、使用规则，不得违反法律、法规的规定和双方的约定收集、使用信息。

经营者及其工作人员对收集的消费者个人信息必须严格保密，不得泄露、出售或者非法向他人提供。经营者应当采取技术措施和其他必要措施，确保信息安全，防止消费者个人信息泄露、丢失。在发生或者可能发生信息泄露、丢失的情况时，应当立即采取补救措施。

经营者未经消费者同意或者请求，或者消费者明确表示拒绝的，不得向其发送商业性信息。

第四章　国家对消费者合法权益的保护

第三十条　【听取消费者的意见】国家制定有关消费者权益的法律、法规、规章和强制性标准，应当听取消费者和消费者协会等组织的意见。

第三十一条　【各级政府的职责】各级人民政府应当加强领导，组织、协调、督促有关行政部门做好保护消费者合法权益的工作，落实保护消费者合法权益的职责。

各级人民政府应当加强监督，预防危害消费者人身、财产安全行为的发生，及时制止危害消费者人身、财产安全的行为。

第三十二条　【工商部门的职责】各级人民政府工商行政管理部门和其他有关行政部门应当依照法律、法规的规定，在各自的职责范围内，采取措施，保护消费者的合法权益。

有关行政部门应当听取消费者和消费者协会等组织对经营者交易行为、商品和服务质量问题的意见，及时调查处理。

第三十三条　【抽查检验的职责】有关行政部门在各自的职责范围内，应当定期或者不定期对经营者提供的商品和服务进行抽查检验，并及时向社会公布抽查检验结果。

有关行政部门发现并认定经营者提供的商品或者服务存在缺陷，有危及人身、财产安全危险的，应当立即责令经营者采取停止销售、警示、召回、无害化处理、销毁、停止生产或者服务等措施。

第三十四条　【行政部门的职责】有关国家机关应当依照法律、法规的规定，惩处经营者在提供商品和服务中侵害消费者合法权益的违法犯罪行为。

第三十五条　【人民法院的职责】人民法院应当采取措施，方便消费者提起诉讼。对符合《中华人民共和国民事诉讼法》起诉条件的消费者权益争议，必须受理，及时审理。

第五章　消费者组织

第三十六条　【消费者协会】消费者协会和其他消费者组织是依法成立的对商品和服务进行社会监督的保护消费者合法权益的社会组织。

第三十七条　【消费者协会的公益性职责】消费者协会履行下列公益性职责：

（一）向消费者提供消费信息和咨询服务，提高消费者维护自身合法权益的能力，引导文明、健康、节约资源和保护环境的消费方式；

（二）参与制定有关消费者权益的法律、法规、规章和强制性标准；

（三）参与有关行政部门对商品和服务的监督、检查；

（四）就有关消费者合法权益的问题，向有关部门反映、查询，提出建议；

（五）受理消费者的投诉，并对投诉事项进行调查、调解；

（六）投诉事项涉及商品和服务质量问题的，可以委托具备资格的鉴定人鉴定，鉴定人应当告知鉴定意见；

（七）就损害消费者合法权益的行为，支持受损害的消费者提起诉讼或者依照本法提起诉讼；

（八）对损害消费者合法权益的行为，通过大众传播媒介予以揭露、批评。

各级人民政府对消费者协会履行职责应当予以必要的经费等支持。

消费者协会应当认真履行保护消费者合法权益的职责，听取消费者的意见和建议，接受社会监督。

依法成立的其他消费者组织依照法律、法规及其章程的规定，开展保护消费者合法权益的活动。

第三十八条　【消费者组织的禁止行为】消费者组织不得从事商品经营和营利性服务，不得以收取费用或者其他牟取利益的方式向消费者推荐商品和服务。

第六章　争议的解决

第三十九条　【争议解决的途径】消费者和经营者发生消费者权益争议的，可以通过下列途径解决：

（一）与经营者协商和解；

（二）请求消费者协会或者依法成立的其他调解组织调解；

（三）向有关行政部门投诉；

（四）根据与经营者达成的仲裁协议提请仲裁机构仲裁；

（五）向人民法院提起诉讼。

第四十条　【消费者索赔的权利】消费者在购买、使用商品时，其合法权益受到损害的，可以向销售者要求赔偿。销售者赔偿后，属于生产者的责任或者属于向销售者提供商品的其他销售者的责任的，销售者有权向生产者或者其他销售者追偿。

消费者或者其他受害人因商品缺陷造成人身、财产损害的，可以向销售者要求赔偿，也可以向生产者要求赔偿。属于生产者责任的，销售者赔偿后，有权向生产者追偿。属于销售者责任的，生产者赔偿后，有权向销售者追偿。

消费者在接受服务时，其合法权益受到损害的，可以向服务者要求赔偿。

第四十一条　【企业变更后的索赔】消费者在购买、使用商品或者接受服务时，其合法权益受到损害，因原企业分立、合并的，可以向变更后承受其权利义务的企业要求赔偿。

第四十二条　【营业执照出借人或借用人的连带责任】使

用他人营业执照的违法经营者提供商品或者服务，损害消费者合法权益的，消费者可以向其要求赔偿，也可以向营业执照的持有人要求赔偿。

第四十三条 【展销会、租赁柜台的责任】消费者在展销会、租赁柜台购买商品或者接受服务，其合法权益受到损害的，可以向销售者或者服务者要求赔偿。展销会结束或者柜台租赁期满后，也可以向展销会的举办者、柜台的出租者要求赔偿。展销会的举办者、柜台的出租者赔偿后，有权向销售者或者服务者追偿。

第四十四条 【网络交易平台提供者的责任】消费者通过网络交易平台购买商品或者接受服务，其合法权益受到损害的，可以向销售者或者服务者要求赔偿。网络交易平台提供者不能提供销售者或者服务者的真实名称、地址和有效联系方式的，消费者也可以向网络交易平台提供者要求赔偿；网络交易平台提供者作出更有利于消费者的承诺的，应当履行承诺。网络交易平台提供者赔偿后，有权向销售者或者服务者追偿。

网络交易平台提供者明知或者应知销售者或者服务者利用其平台侵害消费者合法权益，未采取必要措施的，依法与该销售者或者服务者承担连带责任。

第四十五条 【虚假广告相关责任人的责任】消费者因经营者利用虚假广告或者其他虚假宣传方式提供商品或者服务，其合法权益受到损害的，可以向经营者要求赔偿。广告经营者、发布者发布虚假广告的，消费者可以请求行政主管部门予以惩处。广告经营者、发布者不能提供经营者的真实名称、地址和有效联系方式的，应当承担赔偿责任。

广告经营者、发布者设计、制作、发布关系消费者生命健康商品或者服务的虚假广告，造成消费者损害的，应当与提供该商品或者服务的经营者承担连带责任。

社会团体或者其他组织、个人在关系消费者生命健康商品或者服务的虚假广告或者其他虚假宣传中向消费者推荐商品或者服务，造成消费者损害的，应当与提供该商品或者服务的经营者承担连带责任。

第四十六条　【投诉】消费者向有关行政部门投诉的，该部门应当自收到投诉之日起七个工作日内，予以处理并告知消费者。

第四十七条　【消费者协会的诉权】对侵害众多消费者合法权益的行为，中国消费者协会以及在省、自治区、直辖市设立的消费者协会，可以向人民法院提起诉讼。

第七章　法律责任

第四十八条　【经营者承担责任的情形】经营者提供商品或者服务有下列情形之一的，除本法另有规定外，应当依照其他有关法律、法规的规定，承担民事责任：

（一）商品或者服务存在缺陷的；

（二）不具备商品应当具备的使用性能而出售时未作说明的；

（三）不符合在商品或者其包装上注明采用的商品标准的；

（四）不符合商品说明、实物样品等方式表明的质量状况的；

（五）生产国家明令淘汰的商品或者销售失效、变质的商品的；

（六）销售的商品数量不足的；

（七）服务的内容和费用违反约定的；

（八）对消费者提出的修理、重作、更换、退货、补足商品数量、退还货款和服务费用或者赔偿损失的要求，故意拖延或者无理拒绝的；

（九）法律、法规规定的其他损害消费者权益的情形。

经营者对消费者未尽到安全保障义务，造成消费者损害的，应当承担侵权责任。

第四十九条　【造成人身损害的赔偿责任】经营者提供商品或者服务，造成消费者或者其他受害人人身伤害的，应当赔偿医疗费、护理费、交通费等为治疗和康复支出的合理费用，以及因误工减少的收入。造成残疾的，还应当赔偿残疾生活辅助具费和残疾赔偿金。造成死亡的，还应当赔偿丧葬费和死亡赔偿金。

第五十条　【侵犯人格尊严的弥补】经营者侵害消费者的人格尊严、侵犯消费者人身自由或者侵害消费者个人信息依法得到保护的权利的，应当停止侵害、恢复名誉、消除影响、赔礼道歉，并赔偿损失。

第五十一条　【精神损害赔偿责任】经营者有侮辱诽谤、搜查身体、侵犯人身自由等侵害消费者或者其他受害人人身权益的行为，造成严重精神损害的，受害人可以要求精神损害赔偿。

第五十二条　【造成财产损害的民事责任】经营者提供商

品或者服务，造成消费者财产损害的，应当依照法律规定或者当事人约定承担修理、重作、更换、退货、补足商品数量、退还货款和服务费用或者赔偿损失等民事责任。

第五十三条 【预付款后未履约的责任】经营者以预收款方式提供商品或者服务的，应当按照约定提供。未按照约定提供的，应当按照消费者的要求履行约定或者退回预付款；并应当承担预付款的利息、消费者必须支付的合理费用。

第五十四条 【退货责任】依法经有关行政部门认定为不合格的商品，消费者要求退货的，经营者应当负责退货。

第五十五条 【惩罚性赔偿】经营者提供商品或者服务有欺诈行为的，应当按照消费者的要求增加赔偿其受到的损失，增加赔偿的金额为消费者购买商品的价款或者接受服务的费用的三倍；增加赔偿的金额不足五百元的，为五百元。法律另有规定的，依照其规定。

经营者明知商品或者服务存在缺陷，仍然向消费者提供，造成消费者或者其他受害人死亡或者健康严重损害的，受害人有权要求经营者依照本法第四十九条、第五十一条等法律规定赔偿损失，并有权要求所受损失二倍以下的惩罚性赔偿。

第五十六条 【严重处罚的情形】经营者有下列情形之一，除承担相应的民事责任外，其他有关法律、法规对处罚机关和处罚方式有规定的，依照法律、法规的规定执行；法律、法规未作规定的，由工商行政管理部门或者其他有关行政部门责令改正，可以根据情节单处或者并处警告、没收违法所得、处以违法所得一倍以上十倍以下的罚款，没有违法所得的，处以五十万元以下的罚款；情节严重的，责令停业整顿、吊销营业执照：

（一）提供的商品或者服务不符合保障人身、财产安全要求的；

（二）在商品中掺杂、掺假，以假充真，以次充好，或者以不合格商品冒充合格商品的；

（三）生产国家明令淘汰的商品或者销售失效、变质的商品的；

（四）伪造商品的产地，伪造或者冒用他人的厂名、厂址，篡改生产日期，伪造或者冒用认证标志等质量标志的；

（五）销售的商品应当检验、检疫而未检验、检疫或者伪造检验、检疫结果的；

（六）对商品或者服务作虚假或者引人误解的宣传的；

（七）拒绝或者拖延有关行政部门责令对缺陷商品或者服务采取停止销售、警示、召回、无害化处理、销毁、停止生产或者服务等措施的；

（八）对消费者提出的修理、重作、更换、退货、补足商品数量、退还货款和服务费用或者赔偿损失的要求，故意拖延或者无理拒绝的；

（九）侵害消费者人格尊严、侵犯消费者人身自由或者侵害消费者个人信息依法得到保护的权利的；

（十）法律、法规规定的对损害消费者权益应当予以处罚的其他情形。

经营者有前款规定情形的，除依照法律、法规规定予以处罚外，处罚机关应当记入信用档案，向社会公布。

第五十七条　【经营者的刑事责任】经营者违反本法规定提供商品或者服务，侵害消费者合法权益，构成犯罪的，依法追究刑事责任。

第五十八条　【民事赔偿责任优先原则】经营者违反本法规定，应当承担民事赔偿责任和缴纳罚款、罚金，其财产不足以同时支付的，先承担民事赔偿责任。

第五十九条　【经营者的权利】经营者对行政处罚决定不服的，可以依法申请行政复议或者提起行政诉讼。

第六十条　【暴力抗法的责任】以暴力、威胁等方法阻碍有关行政部门工作人员依法执行职务的，依法追究刑事责任；拒绝、阻碍有关行政部门工作人员依法执行职务，未使用暴力、威胁方法的，由公安机关依照《中华人民共和国治安管理处罚法》的规定处罚。

第六十一条　【国家机关工作人员的责任】国家机关工作人员玩忽职守或者包庇经营者侵害消费者合法权益的行为的，由其所在单位或者上级机关给予行政处分；情节严重，构成犯罪的，依法追究刑事责任。

第八章　附　　则

第六十二条　【购买农业生产资料的参照执行】农民购买、使用直接用于农业生产的生产资料，参照本法执行。

第六十三条　【实施日期】本法自 1994 年 1 月 1 日起施行。

中华人民共和国公司登记管理条例

（1994年6月24日中华人民共和国国务院令第156号公布　根据2005年12月18日《国务院关于修改〈中华人民共和国公司登记管理条例〉的决定》第一次修订　根据2014年2月19日《国务院关于废止和修改部分行政法规的决定》第二次修订　根据2016年2月6日《国务院关于修改部分行政法规的决定》第三次修订）

第一章　总　　则

第一条　为了确认公司的企业法人资格，规范公司登记行为，依据《中华人民共和国公司法》（以下简称《公司法》），制定本条例。

第二条　有限责任公司和股份有限公司（以下统称公司）设立、变更、终止，应当依照本条例办理公司登记。

申请办理公司登记，申请人应当对申请文件、材料的真实性负责。

第三条　公司经公司登记机关依法登记，领取《企业法人营业执照》，方取得企业法人资格。

自本条例施行之日起设立公司，未经公司登记机关登记的，不得以公司名义从事经营活动。

第四条　工商行政管理机关是公司登记机关。

下级公司登记机关在上级公司登记机关的领导下开展公司登记工作。

公司登记机关依法履行职责，不受非法干预。

第五条 国家工商行政管理总局主管全国的公司登记工作。

第二章 登记管辖

第六条 国家工商行政管理总局负责下列公司的登记：

（一）国务院国有资产监督管理机构履行出资人职责的公司以及该公司投资设立并持有 50% 以上股份的公司；

（二）外商投资的公司；

（三）依照法律、行政法规或者国务院决定的规定，应当由国家工商行政管理总局登记的公司；

（四）国家工商行政管理总局规定应当由其登记的其他公司。

第七条 省、自治区、直辖市工商行政管理局负责本辖区内下列公司的登记：

（一）省、自治区、直辖市人民政府国有资产监督管理机构履行出资人职责的公司以及该公司投资设立并持有 50% 以上股份的公司；

（二）省、自治区、直辖市工商行政管理局规定由其登记的自然人投资设立的公司；

（三）依照法律、行政法规或者国务院决定的规定，应当由省、自治区、直辖市工商行政管理局登记的公司；

（四）国家工商行政管理总局授权登记的其他公司。

第八条 设区的市（地区）工商行政管理局、县工商行政管理局，以及直辖市的工商行政管理分局、设区的市工商行政管理局的区分局，负责本辖区内下列公司的登记：

（一）本条例第六条和第七条所列公司以外的其他公司；

（二）国家工商行政管理总局和省、自治区、直辖市工商行政管理局授权登记的公司。

前款规定的具体登记管辖由省、自治区、直辖市工商行政管理局规定。但是，其中的股份有限公司由设区的市（地区）工商行政管理局负责登记。

第三章 登记事项

第九条 公司的登记事项包括：

（一）名称；

（二）住所；

（三）法定代表人姓名；

（四）注册资本；

（五）公司类型；

（六）经营范围；

（七）营业期限；

（八）有限责任公司股东或者股份有限公司发起人的姓名或者名称。

第十条 公司的登记事项应当符合法律、行政法规的规定。不符合法律、行政法规规定的，公司登记机关不予登记。

第十一条 公司名称应当符合国家有关规定。公司只能使用一个名称。经公司登记机关核准登记的公司名称受法律保护。

第十二条 公司的住所是公司主要办事机构所在地。经公司登记机关登记的公司的住所只能有一个。公司的住所应当在其公司登记机关辖区内。

第十三条 公司的注册资本应当以人民币表示，法律、行政法规另有规定的除外。

第十四条 股东的出资方式应当符合《公司法》第二十七条的规定，但股东不得以劳务、信用、自然人姓名、商誉、特许经营权或者设定担保的财产等作价出资。

第十五条 公司的经营范围由公司章程规定，并依法登记。

公司的经营范围用语应当参照国民经济行业分类标准。

第十六条 公司类型包括有限责任公司和股份有限公司。

一人有限责任公司应当在公司登记中注明自然人独资或者法人独资，并在公司营业执照中载明。

第四章 设立登记

第十七条 设立公司应当申请名称预先核准。

法律、行政法规或者国务院决定规定设立公司必须报经批准，或者公司经营范围中属于法律、行政法规或者国务院决定规定在登记前须经批准的项目的，应当在报送批准前办理公司名称预先核准，并以公司登记机关核准的公司名称报送批准。

第十八条 设立有限责任公司，应当由全体股东指定的代表或者共同委托的代理人向公司登记机关申请名称预先核准；设立股份有限公司，应当由全体发起人指定的代表或者共同委托的代理人向公司登记机关申请名称预先核准。

申请名称预先核准，应当提交下列文件：

（一）有限责任公司的全体股东或者股份有限公司的全体发起人签署的公司名称预先核准申请书；

（二）全体股东或者发起人指定代表或者共同委托代理人的证明；

（三）国家工商行政管理总局规定要求提交的其他文件。

第十九条 预先核准的公司名称保留期为6个月。预先核准的公司名称在保留期内，不得用于从事经营活动，不得转让。

第二十条 设立有限责任公司，应当由全体股东指定的代表或者共同委托的代理人向公司登记机关申请设立登记。设立国有独资公司，应当由国务院或者地方人民政府授权的本级人民政府国有资产监督管理机构作为申请人，申请设立登记。法律、行政法规或者国务院决定规定设立有限责任公司必须报经批准的，应当自批准之日起90日内向公司登记机关申请设立登记；逾期申请设立登记的，申请人应当报批准机关确认原批准文件的效力或者另行报批。

申请设立有限责任公司，应当向公司登记机关提交下列文件：

（一）公司法定代表人签署的设立登记申请书；

（二）全体股东指定代表或者共同委托代理人的证明；

（三）公司章程；

（四）股东的主体资格证明或者自然人身份证明；

（五）载明公司董事、监事、经理的姓名、住所的文件以及有关委派、选举或者聘用的证明；

（六）公司法定代表人任职文件和身份证明；

（七）企业名称预先核准通知书；

（八）公司住所证明；

（九）国家工商行政管理总局规定要求提交的其他文件。

法律、行政法规或者国务院决定规定设立有限责任公司必须报经批准的，还应当提交有关批准文件。

第二十一条　设立股份有限公司，应当由董事会向公司登记机关申请设立登记。以募集方式设立股份有限公司的，应当于创立大会结束后30日内向公司登记机关申请设立登记。

申请设立股份有限公司，应当向公司登记机关提交下列文件：

（一）公司法定代表人签署的设立登记申请书；

（二）董事会指定代表或者共同委托代理人的证明；

（三）公司章程；

（四）发起人的主体资格证明或者自然人身份证明；

（五）载明公司董事、监事、经理姓名、住所的文件以及有关委派、选举或者聘用的证明；

（六）公司法定代表人任职文件和身份证明；

（七）企业名称预先核准通知书；

（八）公司住所证明；

（九）国家工商行政管理总局规定要求提交的其他文件。

以募集方式设立股份有限公司的，还应当提交创立大会的会议记录以及依法设立的验资机构出具的验资证明；以募集方式设立股份有限公司公开发行股票的，还应当提交国务院证券监督管理机构的核准文件。

法律、行政法规或者国务院决定规定设立股份有限公司必须报经批准的，还应当提交有关批准文件。

第二十二条 公司申请登记的经营范围中属于法律、行政法规或者国务院决定规定在登记前须经批准的项目的，应当在申请登记前报经国家有关部门批准，并向公司登记机关提交有关批准文件。

第二十三条 公司章程有违反法律、行政法规的内容的，公司登记机关有权要求公司作相应修改。

第二十四条 公司住所证明是指能够证明公司对其住所享有使用权的文件。

第二十五条 依法设立的公司，由公司登记机关发给《企业法人营业执照》。公司营业执照签发日期为公司成立日期。公司凭公司登记机关核发的《企业法人营业执照》刻制印章，开立银行账户，申请纳税登记。

第五章 变更登记

第二十六条 公司变更登记事项，应当向原公司登记机关申请变更登记。

未经变更登记，公司不得擅自改变登记事项。

第二十七条 公司申请变更登记，应当向公司登记机关提交下列文件：

（一）公司法定代表人签署的变更登记申请书；

（二）依照《公司法》作出的变更决议或者决定；

（三）国家工商行政管理总局规定要求提交的其他文件。

公司变更登记事项涉及修改公司章程的，应当提交由公司法定代表人签署的修改后的公司章程或者公司章程修正案。

变更登记事项依照法律、行政法规或者国务院决定规定在登记前须经批准的，还应当向公司登记机关提交有关批准文件。

第二十八条 公司变更名称的，应当自变更决议或者决定作出之日起30日内申请变更登记。

第二十九条 公司变更住所的，应当在迁入新住所前申请变更登记，并提交新住所使用证明。

公司变更住所跨公司登记机关辖区的，应当在迁入新住所前向迁入地公司登记机关申请变更登记；迁入地公司登记机关受理的，由原公司登记机关将公司登记档案移送迁入地公司登记机关。

第三十条 公司变更法定代表人的，应当自变更决议或者决定作出之日起30日内申请变更登记。

第三十一条 公司增加注册资本的，应当自变更决议或者决定作出之日起30日内申请变更登记。

公司减少注册资本的，应当自公告之日起45日后申请变更登记，并应当提交公司在报纸上登载公司减少注册资本公告的有关证明和公司债务清偿或者债务担保情况的说明。

第三十二条 公司变更经营范围的，应当自变更决议或者决定作出之日起30日内申请变更登记；变更经营范围涉及法律、行政法规或者国务院决定规定在登记前须经批准的项目的，应当自国家有关部门批准之日起30日内申请变更登记。

公司的经营范围中属于法律、行政法规或者国务院决定规定须经批准的项目被吊销、撤销许可证或者其他批准文件，或者许可证、其他批准文件有效期届满的，应当自吊销、撤销许可证、其他批准文件或者许可证、其他批准文件有效期届满之日起 30 日内申请变更登记或者依照本条例第六章的规定办理注销登记。

第三十三条 公司变更类型的，应当按照拟变更的公司类型的设立条件，在规定的期限内向公司登记机关申请变更登记，并提交有关文件。

第三十四条 有限责任公司变更股东的，应当自变更之日起 30 日内申请变更登记，并应当提交新股东的主体资格证明或者自然人身份证明。

有限责任公司的自然人股东死亡后，其合法继承人继承股东资格的，公司应当依照前款规定申请变更登记。

有限责任公司的股东或者股份有限公司的发起人改变姓名或者名称的，应当自改变姓名或者名称之日起 30 日内申请变更登记。

第三十五条 公司登记事项变更涉及分公司登记事项变更的，应当自公司变更登记之日起 30 日内申请分公司变更登记。

第三十六条 公司章程修改未涉及登记事项的，公司应当将修改后的公司章程或者公司章程修正案送原公司登记机关备案。

第三十七条 公司董事、监事、经理发生变动的，应当向原公司登记机关备案。

第三十八条 因合并、分立而存续的公司，其登记事项发生变化的，应当申请变更登记；因合并、分立而解散的公司，应当申请注销登记；因合并、分立而新设立的公司，应当申请设立登记。

公司合并、分立的，应当自公告之日起45日后申请登记，提交合并协议和合并、分立决议或者决定以及公司在报纸上登载公司合并、分立公告的有关证明和债务清偿或者债务担保情况的说明。法律、行政法规或者国务院决定规定公司合并、分立必须报经批准的，还应当提交有关批准文件。

第三十九条 变更登记事项涉及《企业法人营业执照》载明事项的，公司登记机关应当换发营业执照。

第四十条 公司依照《公司法》第二十二条规定向公司登记机关申请撤销变更登记的，应当提交下列文件：

（一）公司法定代表人签署的申请书；

（二）人民法院的裁判文书。

第六章 注销登记

第四十一条 公司解散，依法应当清算的，清算组应当自成立之日起10日内将清算组成员、清算组负责人名单向公司登记机关备案。

第四十二条 有下列情形之一的，公司清算组应当自公司清算结束之日起30日内向原公司登记机关申请注销登记：

（一）公司被依法宣告破产；

（二）公司章程规定的营业期限届满或者公司章程规定的其他解散事由出现，但公司通过修改公司章程而存续的除外；

（三）股东会、股东大会决议解散或者一人有限责任公司的股东、外商投资的公司董事会决议解散；

（四）依法被吊销营业执照、责令关闭或者被撤销；

（五）人民法院依法予以解散；

（六）法律、行政法规规定的其他解散情形。

第四十三条 公司申请注销登记，应当提交下列文件：

（一）公司清算组负责人签署的注销登记申请书；

（二）人民法院的破产裁定、解散裁判文书，公司依照《公司法》作出的决议或者决定，行政机关责令关闭或者公司被撤销的文件；

（三）股东会、股东大会、一人有限责任公司的股东、外商投资的公司董事会或者人民法院、公司批准机关备案、确认的清算报告；

（四）《企业法人营业执照》；

（五）法律、行政法规规定应当提交的其他文件。

国有独资公司申请注销登记，还应当提交国有资产监督管理机构的决定，其中，国务院确定的重要的国有独资公司，还应当提交本级人民政府的批准文件。

有分公司的公司申请注销登记，还应当提交分公司的注销登记证明。

第四十四条 经公司登记机关注销登记，公司终止。

第七章 分公司的登记

第四十五条 分公司是指公司在其住所以外设立的从事经营活动的机构。分公司不具有企业法人资格。

第四十六条 分公司的登记事项包括：名称、营业场所、负责人、经营范围。

分公司的名称应当符合国家有关规定。

分公司的经营范围不得超出公司的经营范围。

第四十七条 公司设立分公司的，应当自决定作出之日起30日内向分公司所在地的公司登记机关申请登记；法律、行政法规或者国务院决定规定必须报经有关部门批准的，应当自批准之日起30日内向公司登记机关申请登记。

设立分公司，应当向公司登记机关提交下列文件：

（一）公司法定代表人签署的设立分公司的登记申请书；

（二）公司章程以及加盖公司印章的《企业法人营业执照》复印件；

（三）营业场所使用证明；

（四）分公司负责人任职文件和身份证明；

（五）国家工商行政管理总局规定要求提交的其他文件。

法律、行政法规或者国务院决定规定设立分公司必须报经批准，或者分公司经营范围中属于法律、行政法规或者国务院决定规定在登记前须经批准的项目的，还应当提交有关批准文件。

分公司的公司登记机关准予登记的，发给《营业执照》。公司应当自分公司登记之日起30日内，持分公司的《营业执照》到公司登记机关办理备案。

第四十八条 分公司变更登记事项的，应当向公司登记机关申请变更登记。

申请变更登记，应当提交公司法定代表人签署的变更登记申请书。变更名称、经营范围的，应当提交加盖公司印章的

《企业法人营业执照》复印件，分公司经营范围中属于法律、行政法规或者国务院决定规定在登记前须经批准的项目的，还应当提交有关批准文件。变更营业场所的，应当提交新的营业场所使用证明。变更负责人的，应当提交公司的任免文件以及其身份证明。

公司登记机关准予变更登记的，换发《营业执照》。

第四十九条 分公司被公司撤销、依法责令关闭、吊销营业执照的，公司应当自决定作出之日起30日内向该分公司的公司登记机关申请注销登记。申请注销登记应当提交公司法定代表人签署的注销登记申请书和分公司的《营业执照》。公司登记机关准予注销登记后，应当收缴分公司的《营业执照》。

第八章 登记程序

第五十条 申请公司、分公司登记，申请人可以到公司登记机关提交申请，也可以通过信函、电报、电传、传真、电子数据交换和电子邮件等方式提出申请。

通过电报、电传、传真、电子数据交换和电子邮件等方式提出申请的，应当提供申请人的联系方式以及通讯地址。

第五十一条 公司登记机关应当根据下列情况分别作出是否受理的决定：

（一）申请文件、材料齐全，符合法定形式的，或者申请人按照公司登记机关的要求提交全部补正申请文件、材料的，应当决定予以受理。

（二）申请文件、材料齐全，符合法定形式，但公司登记机关认为申请文件、材料需要核实的，应当决定予以受理，同时书面告知申请人需要核实的事项、理由以及时间。

（三）申请文件、材料存在可以当场更正的错误的，应当允许申请人当场予以更正，由申请人在更正处签名或者盖章，注明更正日期；经确认申请文件、材料齐全，符合法定形式的，应当决定予以受理。

（四）申请文件、材料不齐全或者不符合法定形式的，应当当场或者在5日内一次告知申请人需要补正的全部内容；当场告知时，应当将申请文件、材料退回申请人；属于5日内告知的，应当收取申请文件、材料并出具收到申请文件、材料的凭据，逾期不告知的，自收到申请文件、材料之日起即为受理。

（五）不属于公司登记范畴或者不属于本机关登记管辖范围的事项，应当即时决定不予受理，并告知申请人向有关行政机关申请。

公司登记机关对通过信函、电报、电传、传真、电子数据交换和电子邮件等方式提出申请的，应当自收到申请文件、材料之日起5日内作出是否受理的决定。

第五十二条　除依照本条例第五十三条第一款第（一）项作出准予登记决定的外，公司登记机关决定予以受理的，应当出具《受理通知书》；决定不予受理的，应当出具《不予受理通知书》，说明不予受理的理由，并告知申请人享有依法申请行政复议或者提起行政诉讼的权利。

第五十三条　公司登记机关对决定予以受理的登记申请，应当分别情况在规定的期限内作出是否准予登记的决定：

（一）对申请人到公司登记机关提出的申请予以受理的，应当当场作出准予登记的决定。

（二）对申请人通过信函方式提交的申请予以受理的，应当自受理之日起 15 日内作出准予登记的决定。

（三）通过电报、电传、传真、电子数据交换和电子邮件等方式提交申请的，申请人应当自收到《受理通知书》之日起 15 日内，提交与电报、电传、传真、电子数据交换和电子邮件等内容一致并符合法定形式的申请文件、材料原件；申请人到公司登记机关提交申请文件、材料原件的，应当当场作出准予登记的决定；申请人通过信函方式提交申请文件、材料原件的，应当自受理之日起 15 日内作出准予登记的决定。

（四）公司登记机关自发出《受理通知书》之日起 60 日内，未收到申请文件、材料原件，或者申请文件、材料原件与公司登记机关所受理的申请文件、材料不一致的，应当作出不予登记的决定。

公司登记机关需要对申请文件、材料核实的，应当自受理之日起 15 日内作出是否准予登记的决定。

第五十四条 公司登记机关作出准予公司名称预先核准决定的，应当出具《企业名称预先核准通知书》；作出准予公司设立登记决定的，应当出具《准予设立登记通知书》，告知申请人自决定之日起 10 日内，领取营业执照；作出准予公司变更登记决定的，应当出具《准予变更登记通知书》，告知申请人自决定之日起 10 日内，换发营业执照；作出准予公司注销登记决定的，应当出具《准予注销登记通知书》，收缴营业执照。

公司登记机关作出不予名称预先核准、不予登记决定的，应当出具《企业名称驳回通知书》、《登记驳回通知书》，说明不予核准、登记的理由，并告知申请人享有依法申请行政复议或者提起行政诉讼的权利。

第五十五条 公司登记机关应当将公司登记、备案信息通过企业信用信息公示系统向社会公示。

第五十六条 吊销《企业法人营业执照》和《营业执照》的公告由公司登记机关发布。

第九章 年度报告公示、证照和档案管理

第五十七条 公司应当于每年1月1日至6月30日，通过企业信用信息公示系统向公司登记机关报送上一年度年度报告，并向社会公示。

年度报告公示的内容以及监督检查办法由国务院制定。

第五十八条 《企业法人营业执照》、《营业执照》分为正本和副本，正本和副本具有同等法律效力。

国家推行电子营业执照。电子营业执照与纸质营业执照具有同等法律效力。

《企业法人营业执照》正本或者《营业执照》正本应当置于公司住所或者分公司营业场所的醒目位置。

公司可以根据业务需要向公司登记机关申请核发营业执照若干副本。

第五十九条 任何单位和个人不得伪造、涂改、出租、出借、转让营业执照。

营业执照遗失或者毁坏的，公司应当在公司登记机关指定的报刊上声明作废，申请补领。

公司登记机关依法作出变更登记、注销登记、撤销变更登记决定，公司拒不缴回或者无法缴回营业执照的，由公司登记机关公告营业执照作废。

第六十条 公司登记机关对需要认定的营业执照，可以临时扣留，扣留期限不得超过 10 天。

第六十一条 借阅、抄录、携带、复制公司登记档案资料的，应当按照规定的权限和程序办理。

任何单位和个人不得修改、涂抹、标注、损毁公司登记档案资料。

第六十二条 营业执照正本、副本样式，电子营业执照标准以及公司登记的有关重要文书格式或者表式，由国家工商行政管理总局统一制定。

第十章 法律责任

第六十三条 虚报注册资本，取得公司登记的，由公司登记机关责令改正，处以虚报注册资本金额 5% 以上 15% 以下的罚款；情节严重的，撤销公司登记或者吊销营业执照。

第六十四条 提交虚假材料或者采取其他欺诈手段隐瞒重要事实，取得公司登记的，由公司登记机关责令改正，处以 5 万元以上 50 万元以下的罚款；情节严重的，撤销公司登记或者吊销营业执照。

第六十五条 公司的发起人、股东虚假出资，未交付或者未按期交付作为出资的货币或者非货币财产的，由公司登记机关责令改正，处以虚假出资金额 5% 以上 15% 以下的罚款。

第六十六条 公司的发起人、股东在公司成立后，抽逃出资的，由公司登记机关责令改正，处以所抽逃出资金额5%以上15%以下的罚款。

第六十七条 公司成立后无正当理由超过6个月未开业的，或者开业后自行停业连续6个月以上的，可以由公司登记机关吊销营业执照。

第六十八条 公司登记事项发生变更时，未依照本条例规定办理有关变更登记的，由公司登记机关责令限期登记；逾期不登记的，处以1万元以上10万元以下的罚款。其中，变更经营范围涉及法律、行政法规或者国务院决定规定须经批准的项目而未取得批准，擅自从事相关经营活动，情节严重的，吊销营业执照。

公司未依照本条例规定办理有关备案的，由公司登记机关责令限期办理；逾期未办理的，处以3万元以下的罚款。

第六十九条 公司在合并、分立、减少注册资本或者进行清算时，不按照规定通知或者公告债权人的，由公司登记机关责令改正，处以1万元以上10万元以下的罚款。

公司在进行清算时，隐匿财产，对资产负债表或者财产清单作虚假记载或者在未清偿债务前分配公司财产的，由公司登记机关责令改正，对公司处以隐匿财产或者未清偿债务前分配公司财产金额5%以上10%以下的罚款；对直接负责的主管人员和其他直接责任人员处以1万元以上10万元以下的罚款。

公司在清算期间开展与清算无关的经营活动的，由公司登记机关予以警告，没收违法所得。

第七十条 清算组不按照规定向公司登记机关报送清算报

告，或者报送清算报告隐瞒重要事实或者有重大遗漏的，由公司登记机关责令改正。

清算组成员利用职权徇私舞弊、谋取非法收入或者侵占公司财产的，由公司登记机关责令退还公司财产，没收违法所得，并可以处以违法所得1倍以上5倍以下的罚款。

第七十一条 伪造、涂改、出租、出借、转让营业执照的，由公司登记机关处以1万元以上10万元以下的罚款；情节严重的，吊销营业执照。

第七十二条 未将营业执照置于住所或者营业场所醒目位置的，由公司登记机关责令改正；拒不改正的，处以1000元以上5000元以下的罚款。

第七十三条 承担资产评估、验资或者验证的机构提供虚假材料的，由公司登记机关没收违法所得，处以违法所得1倍以上5倍以下的罚款，并可以由有关主管部门依法责令该机构停业、吊销直接责任人员的资格证书，吊销营业执照。

承担资产评估、验资或者验证的机构因过失提供有重大遗漏的报告的，由公司登记机关责令改正，情节较重的，处以所得收入1倍以上5倍以下的罚款，并可以由有关主管部门依法责令该机构停业、吊销直接责任人员的资格证书，吊销营业执照。

第七十四条 未依法登记为有限责任公司或者股份有限公司，而冒用有限责任公司或者股份有限公司名义的，或者未依法登记为有限责任公司或者股份有限公司的分公司，而冒用有限责任公司或者股份有限公司的分公司名义的，由公司登记机关责令改正或者予以取缔，可以并处10万元以下的罚款。

第七十五条 公司登记机关对不符合规定条件的公司登记申请予以登记，或者对符合规定条件的登记申请不予登记的，对直接负责的主管人员和其他直接责任人员，依法给予行政处分。

第七十六条 公司登记机关的上级部门强令公司登记机关对不符合规定条件的登记申请予以登记，或者对符合规定条件的登记申请不予登记的，或者对违法登记进行包庇的，对直接负责的主管人员和其他直接责任人员依法给予行政处分。

第七十七条 外国公司违反《公司法》规定，擅自在中国境内设立分支机构的，由公司登记机关责令改正或者关闭，可以并处5万元以上20万元以下的罚款。

第七十八条 利用公司名义从事危害国家安全、社会公共利益的严重违法行为的，吊销营业执照。

第七十九条 分公司有本章规定的违法行为的，适用本章规定。

第八十条 违反本条例规定，构成犯罪的，依法追究刑事责任。

第十一章 附 则

第八十一条 外商投资的公司的登记适用本条例。有关外商投资企业的法律对其登记另有规定的，适用其规定。

第八十二条 法律、行政法规或者国务院决定规定设立公司必须报经批准，或者公司经营范围中属于法律、行政法规或者国务院决定规定在登记前须经批准的项目的，由国家工商行政管理总局依照法律、行政法规或者国务院决定规定编制企业登记前置行政许可目录并公布。

第八十三条 本条例自1994年7月1日起施行。

企业登记程序规定

（2004年6月10日国家工商行政管理总局令第9号公布 自2004年7月1日起施行）

第一章 总 则

第一条 为了规范企业登记行为，提高登记效率，根据《行政许可法》及有关法律、行政法规，制定本规定。

第二条 企业的设立登记、变更登记、注销登记及企业名称预先核准适用本规定。

第三条 企业登记机关依法对申请材料是否齐全、是否符合法定形式进行审查。根据法定条件和程序，需要对申请材料的实质内容进行核实的，依法进行核实。

第四条 企业登记机关应当设立企业登记场所，统一办理企业登记事宜。

有条件的企业登记机关应当建立企业登记网站，受理企业登记申请，方便申请人下载申请书格式文本、提交申请材料、查询企业登记办理情况和企业登记管理规定等。

第五条 企业登记机关工作人员在职责范围内，对企业登记申请进行审查，代表企业登记机关作出是否受理、登记的决定。

第二章 登记申请

第六条 申请企业登记，申请人或者其委托的代理人可以采取以下方式提交申请：

（一）直接到企业登记场所；

（二）邮寄、传真、电子数据交换、电子邮件等。

通过传真、电子数据交换、电子邮件等方式提交申请的，应当提供申请人或者其代理人的联络方式及通讯地址。对企业登记机关予以受理的申请，申请人应当自收到《受理通知书》之日起十五日内，提交与传真、电子数据交换、电子邮件内容一致并符合法定形式的申请材料原件。

第七条 申请人应当按照国家工商行政管理总局制定的申请书格式文本提交申请，并按照企业登记法律、行政法规和国家工商行政管理总局规章的规定提交有关材料。

涉及法律、行政法规和国务院发布的决定确定的企业登记前置许可项目的，申请人应当提交法定形式的许可证件或者批准文件。

第八条 申请人应当如实向企业登记机关提交有关材料和反映真实情况，并对其申请材料实质内容的真实性负责。

第三章 审查、受理和决定

第九条 登记机关收到登记申请后，应当对申请材料是否齐全、是否符合法定形式进行审查。

申请材料齐全是指国家工商行政管理总局依照企业登记法

律、行政法规和规章公布的要求申请人提交的全部材料。

申请材料符合法定形式是指申请材料符合法定时限、记载事项符合法定要求、文书格式符合规范。

第十条 经对申请人提交的登记申请审查，企业登记机关应当根据下列情况分别作出是否受理的决定：

（一）申请材料齐全、符合法定形式的，应当决定予以受理。

（二）申请材料齐全并符合法定形式，但申请材料需要核实的，应当决定予以受理，同时书面告知申请人需要核实的事项、理由及时间。

（三）申请材料存在可以当场更正的错误的，应当允许有权更正人当场予以更正，由更正人在更正处签名或者盖章、注明更正日期；经确认申请材料齐全，符合法定形式的，应当决定予以受理。

（四）申请材料不齐全或者不符合法定形式的，应当当场或者在五日内一次告知申请人需要补正的全部内容。告知时，将申请材料退回申请人并决定不予受理。属于五日内告知的，应当收取材料并出具收到材料凭据。

（五）不属于企业登记范畴或者不属于本机关登记管辖范围的事项，应当即时决定不予受理，并告知申请人向有关行政机关申请。

通过邮寄、传真、电子数据交换、电子邮件等方式提交申请的，应当自收到申请之日起五日内作出是否受理的决定。

本规定所称有权更正人，是指申请人或者经申请人明确授权，可以对申请材料相关事项及文字内容加以更改的经办人员。

第十一条 企业登记机关认为需要对申请材料的实质内容

进行核实的，应当派两名以上工作人员，对申请材料予以核实。经核实后，提交“申请材料核实情况报告书”，根据核实情况作出是否准予登记的决定。

第十二条 企业登记机关对决定受理的登记申请，应当分别情况在规定的期限内作出是否准予登记的决定：

（一）申请人或者其委托的代理人到企业登记场所提交申请予以受理的，应当当场作出准予登记的决定。

（二）通过邮寄的方式提交申请予以受理的，应当自受理之日起十五日内作出准予登记的决定。

（三）通过传真、电子数据交换、电子邮件等方式提交申请的，申请人或者其委托的代理人到企业登记场所提交申请材料原件的，应当当场作出准予登记的决定；通过邮寄方式提交申请材料原件的，应当自收到申请材料原件之日起十五日内作出准予登记的决定；申请人提交的申请材料原件与所受理的申请材料不一致的，应当作出不予登记的决定；将申请材料原件作为新申请的，应当根据第九条、第十条、第十一条、第十二条的规定办理。企业登记机关自发出《受理通知书》之日起六十日内，未收到申请材料原件的，应当作出不予登记的决定。

需要对申请材料核实的，应当自受理之日起十五日内作出是否准予登记的决定。

第十三条 依法应当先经下级企业登记机关审查后报上级登记机关决定的企业登记申请，下级企业登记机关应当自受理之日起十五日内提出审查意见。

第十四条 地方人民政府规定由企业登记机关统一受理，并转告相关部门实行互联审批的，审批程序及期限按照地方人民政府规定执行。

第十五条 除本规定第十二条第（一）项作出准予登记决定的外，企业登记机关决定予以受理的，应当出具《受理通知书》；决定不予受理的，应当出具《不予受理通知书》，并注明不予受理的理由。

第十六条 企业登记机关作出准予企业名称预先核准的，应当出具《企业名称预先核准通知书》；作出准予企业设立登记的，应当出具《准予设立登记通知书》，告知申请人自决定之日起十日内，领取营业执照；作出准予企业变更登记的，应当出具《准予变更登记通知书》，告知申请人自决定之日起十日内，换发营业执照；作出准予企业注销登记的，应当出具《准予注销登记通知书》，收缴营业执照。

企业登记机关作出不予登记决定的，应当出具《登记驳回通知书》，注明不予登记的理由，并告知申请人享有依法申请行政复议或者提起行政诉讼的权利。

第四章　撤销和吊销的注销登记

第十七条 有下列情形之一的，企业登记机关或者其上级机关根据利害关系人的请求或者依据职权，可以撤销登记：

（一）滥用职权、玩忽职守作出准予登记决定的；

（二）超越法定职权作出准予登记决定的；

（三）对不具备申请资格或者不符合法定条件的申请人作出准予登记决定的；

（四）依法可以撤销作出准予登记决定的其他情形。

被许可人以欺骗、贿赂等不正当手段取得登记的，应当予以撤销。

依照前两款规定撤销登记，可能对公共利益造成重大损害的，不予撤销，应当责令改正或者予以纠正。

第十八条 企业被依法撤销设立登记或者吊销营业执照的，应当停止经营活动，依法组织清算。自清算结束之日起三十日内，由清算组织依法申请注销登记。

第十九条 被依法撤销设立登记或者吊销营业执照的企业，其设立的非法人分支机构应当停止经营活动，依法办理注销登记；其投资设立的相关企业应当依法办理变更登记或者注销登记。

第五章 登记公示、公开

第二十条 企业登记机关应当在企业登记场所公示以下内容：

（一）登记事项；

（二）登记依据；

（三）登记条件；

（四）登记程序及期限；

（五）提交申请材料目录；

（六）登记收费标准及依据；

（七）申请书格式示范文本。

应申请人的要求，企业登记机关应当就前款公示内容，予以说明、解释。

第二十一条　企业登记机关应当建立企业登记簿，供社会查阅。

企业登记材料涉及国家秘密、商业秘密和个人隐私的，企业登记机关不得对外公开。

第六章　附　　则

第二十二条　本规定所称企业包括各类企业及其分支机构。

第二十三条　企业集团、外国（地区）企业常驻代表机构、外国（地区）企业在中国境内从事生产经营活动的登记参照本规定。

第二十四条　本规定自2004年7月1日起施行。

互联网信息服务管理办法

（2000年9月25日中华人民共和国国务院令第292号公布　根据2011年1月8日《国务院关于废止和修改部分行政法规的决定》修订）

第一条　为了规范互联网信息服务活动，促进互联网信息服务健康有序发展，制定本办法。

第二条　在中华人民共和国境内从事互联网信息服务活动，必须遵守本办法。

本办法所称互联网信息服务，是指通过互联网向上网用户提供信息的服务活动。

第三条 互联网信息服务分为经营性和非经营性两类。

经营性互联网信息服务，是指通过互联网向上网用户有偿提供信息或者网页制作等服务活动。

非经营性互联网信息服务，是指通过互联网向上网用户无偿提供具有公开性、共享性信息的服务活动。

第四条 国家对经营性互联网信息服务实行许可制度；对非经营性互联网信息服务实行备案制度。

未取得许可或者未履行备案手续的，不得从事互联网信息服务。

第五条 从事新闻、出版、教育、医疗保健、药品和医疗器械等互联网信息服务，依照法律、行政法规以及国家有关规定须经有关主管部门审核同意的，在申请经营许可或者履行备案手续前，应当依法经有关主管部门审核同意。

第六条 从事经营性互联网信息服务，除应当符合《中华人民共和国电信条例》规定的要求外，还应当具备下列条件：

（一）有业务发展计划及相关技术方案；

（二）有健全的网络与信息安全保障措施，包括网站安全保障措施、信息安全保密管理制度、用户信息安全管理制度；

（三）服务项目属于本办法第五条规定范围的，已取得有关主管部门同意的文件。

第七条 从事经营性互联网信息服务，应当向省、自治区、直辖市电信管理机构或者国务院信息产业主管部门申请办理互联网信息服务增值电信业务经营许可证（以下简称经营许可证）。

省、自治区、直辖市电信管理机构或者国务院信息产业主管部门应当自收到申请之日起60日内审查完毕，作出批准或者不予批准的决定。予以批准的，颁发经营许可证；不予批准的，应当书面通知申请人并说明理由。

申请人取得经营许可证后，应当持经营许可证向企业登记机关办理登记手续。

第八条 从事非经营性互联网信息服务，应当向省、自治区、直辖市电信管理机构或者国务院信息产业主管部门办理备案手续。办理备案时，应当提交下列材料：

（一）主办单位和网站负责人的基本情况；

（二）网站网址和服务项目；

（三）服务项目属于本办法第五条规定范围的，已取得有关主管部门的同意文件。

省、自治区、直辖市电信管理机构对备案材料齐全的，应当予以备案并编号。

第九条 从事互联网信息服务，拟开办电子公告服务的，应当在申请经营性互联网信息服务许可或者办理非经营性互联网信息服务备案时，按照国家有关规定提出专项申请或者专项备案。

第十条 省、自治区、直辖市电信管理机构和国务院信息产业主管部门应当公布取得经营许可证或者已履行备案手续的互联网信息服务提供者名单。

第十一条 互联网信息服务提供者应当按照经许可或者备案的项目提供服务，不得超出经许可或者备案的项目提供服务。

非经营性互联网信息服务提供者不得从事有偿服务。

互联网信息服务提供者变更服务项目、网站网址等事项的，应当提前30日向原审核、发证或者备案机关办理变更手续。

第十二条 互联网信息服务提供者应当在其网站主页的显著位置标明其经营许可证编号或者备案编号。

第十三条 互联网信息服务提供者应当向上网用户提供良好的服务，并保证所提供的信息内容合法。

第十四条 从事新闻、出版以及电子公告等服务项目的互联网信息服务提供者，应当记录提供的信息内容及其发布时间、互联网地址或者域名；互联网接入服务提供者应当记录上网用户的上网时间、用户账号、互联网地址或者域名、主叫电话号码等信息。

互联网信息服务提供者和互联网接入服务提供者的记录备份应当保存60日，并在国家有关机关依法查询时，予以提供。

第十五条 互联网信息服务提供者不得制作、复制、发布、传播含有下列内容的信息：

（一）反对宪法所确定的基本原则的；

（二）危害国家安全，泄露国家秘密，颠覆国家政权，破坏国家统一的；

（三）损害国家荣誉和利益的；

（四）煽动民族仇恨、民族歧视，破坏民族团结的；

（五）破坏国家宗教政策，宣扬邪教和封建迷信的；

（六）散布谣言，扰乱社会秩序，破坏社会稳定的；

（七）散布淫秽、色情、赌博、暴力、凶杀、恐怖或者教唆犯罪的；

（八）侮辱或者诽谤他人，侵害他人合法权益的；

（九）含有法律、行政法规禁止的其他内容的。

第十六条 互联网信息服务提供者发现其网站传输的信息明显属于本办法第十五条所列内容之一的，应当立即停止传输，保存有关记录，并向国家有关机关报告。

第十七条 经营性互联网信息服务提供者申请在境内境外上市或者同外商合资、合作，应当事先经国务院信息产业主管部门审查同意；其中，外商投资的比例应当符合有关法律、行政法规的规定。

第十八条 国务院信息产业主管部门和省、自治区、直辖市电信管理机构，依法对互联网信息服务实施监督管理。

新闻、出版、教育、卫生、药品监督管理、工商行政管理和公安、国家安全等有关主管部门，在各自职责范围内依法对互联网信息内容实施监督管理。

第十九条 违反本办法的规定，未取得经营许可证，擅自从事经营性互联网信息服务，或者超出许可的项目提供服务的，由省、自治区、直辖市电信管理机构责令限期改正，有违法所得的，没收违法所得，处违法所得 3 倍以上 5 倍以下的罚款；没有违法所得或者违法所得不足 5 万元的，处 10 万元以上 100 万元以下的罚款；情节严重的，责令关闭网站。

违反本办法的规定，未履行备案手续，擅自从事非经营性互联网信息服务，或者超出备案的项目提供服务的，由省、自治区、直辖市电信管理机构责令限期改正；拒不改正的，责令关闭网站。

第二十条 制作、复制、发布、传播本办法第十五条所列内容之一的信息，构成犯罪的，依法追究刑事责任；尚不构成犯罪的，由公安机关、国家安全机关依照《中华人民共和国治安管理处罚法》、《计算机信息网络国际联网安全保护管理办法》等有关法律、行政法规的规定予以处罚；对经营性互联网信息服务提供者，并由发证机关责令停业整顿直至吊销经营许可证，通知企业登记机关；对非经营性互联网信息服务提供者，并由备案机关责令暂时关闭网站直至关闭网站。

第二十一条 未履行本办法第十四条规定的义务的，由省、自治区、直辖市电信管理机构责令改正；情节严重的，责令停业整顿或者暂时关闭网站。

第二十二条 违反本办法的规定，未在其网站主页上标明其经营许可证编号或者备案编号的，由省、自治区、直辖市电信管理机构责令改正，处5000元以上5万元以下的罚款。

第二十三条 违反本办法第十六条规定的义务的，由省、自治区、直辖市电信管理机构责令改正；情节严重的，对经营性互联网信息服务提供者，并由发证机关吊销经营许可证，对非经营性互联网信息服务提供者，并由备案机关责令关闭网站。

第二十四条 互联网信息服务提供者在其业务活动中，违反其他法律、法规的，由新闻、出版、教育、卫生、药品监督管理和工商行政管理等有关主管部门依照有关法律、法规的规定处罚。

第二十五条 电信管理机构和其他有关主管部门及其工作人员，玩忽职守、滥用职权、徇私舞弊，疏于对互联网信息服务的监督管理，造成严重后果，构成犯罪的，依法追究刑事责任；尚不构成犯罪的，对直接负责的主管人员和其他直接责任人员依法给予降级、撤职直至开除的行政处分。

第二十六条 在本办法公布前从事互联网信息服务的，应当自本办法公布之日起60日内依照本办法的有关规定补办有关手续。

第二十七条 本办法自公布之日起施行。

中华人民共和国行政许可法

（2003年8月27日第十届全国人民代表大会常务委员会第四次会议通过 2003年8月27日中华人民共和国主席令第7号公布 自2004年7月1日起施行）

第一章 总 则

第一条 **【立法目的】**为了规范行政许可的设定和实施，保护公民、法人和其他组织的合法权益，维护公共利益和社会秩序，保障和监督行政机关有效实施行政管理，根据宪法，制定本法。

第二条 **【行政许可的含义】**本法所称行政许可，是指行政机关根据公民、法人或者其他组织的申请，经依法审查，准予其从事特定活动的行为。

第三条 **【适用范围】**行政许可的设定和实施，适用本法。

有关行政机关对其他机关或者对其直接管理的事业单位的人事、财务、外事等事项的审批，不适用本法。

第四条 **【合法原则】**设定和实施行政许可，应当依照法定的权限、范围、条件和程序。

第五条 **【公开、公平、公正原则】**设定和实施行政许可，应当遵循公开、公平、公正的原则。

有关行政许可的规定应当公布；未经公布的，不得作为实施行政许可的依据。行政许可的实施和结果，除涉及国家秘密、商业秘密或者个人隐私的外，应当公开。

符合法定条件、标准的，申请人有依法取得行政许可的平等权利，行政机关不得歧视。

第六条　【便民原则】实施行政许可，应当遵循便民的原则，提高办事效率，提供优质服务。

第七条　【陈述权、申辩权和救济权】公民、法人或者其他组织对行政机关实施行政许可，享有陈述权、申辩权；有权依法申请行政复议或者提起行政诉讼；其合法权益因行政机关违法实施行政许可受到损害的，有权依法要求赔偿。

第八条　【信赖保护原则】公民、法人或者其他组织依法取得的行政许可受法律保护，行政机关不得擅自改变已经生效的行政许可。

行政许可所依据的法律、法规、规章修改或者废止，或者准予行政许可所依据的客观情况发生重大变化的，为了公共利益的需要，行政机关可以依法变更或者撤回已经生效的行政许可。由此给公民、法人或者其他组织造成财产损失的，行政机关应当依法给予补偿。

第九条　【行政许可的转让】依法取得的行政许可，除法律、法规规定依照法定条件和程序可以转让的外，不得转让。

第十条　【行政许可监督】县级以上人民政府应当建立健全对行政机关实施行政许可的监督制度，加强对行政机关实施行政许可的监督检查。

行政机关应当对公民、法人或者其他组织从事行政许可事项的活动实施有效监督。

第二章　行政许可的设定

第十一条　【行政许可设定原则】设定行政许可，应当遵循经济和社会发展规律，有利于发挥公民、法人或者其他组织的积极性、主动性，维护公共利益和社会秩序，促进经济、社会和生态环境协调发展。

第十二条　【行政许可的设定事项】下列事项可以设定行政许可：

（一）直接涉及国家安全、公共安全、经济宏观调控、生态环境保护以及直接关系人身健康、生命财产安全等特定活动，需要按照法定条件予以批准的事项；

（二）有限自然资源开发利用、公共资源配置以及直接关系公共利益的特定行业的市场准入等，需要赋予特定权利的事项；

（三）提供公众服务并且直接关系公共利益的职业、行业，需要确定具备特殊信誉、特殊条件或者特殊技能等资格、资质的事项；

（四）直接关系公共安全、人身健康、生命财产安全的重要设备、设施、产品、物品，需要按照技术标准、技术规范，通过检验、检测、检疫等方式进行审定的事项；

（五）企业或者其他组织的设立等，需要确定主体资格的事项；

（六）法律、行政法规规定可以设定行政许可的其他事项。

第十三条 【不设定行政许可的事项】 本法第十二条所列事项，通过下列方式能够予以规范的，可以不设行政许可：

（一）公民、法人或者其他组织能够自主决定的；

（二）市场竞争机制能够有效调节的；

（三）行业组织或者中介机构能够自律管理的；

（四）行政机关采用事后监督等其他行政管理方式能够解决的。

第十四条 【法律、行政法规、国务院决定的行政许可设定权】 本法第十二条所列事项，法律可以设定行政许可。尚未制定法律的，行政法规可以设定行政许可。

必要时，国务院可以采用发布决定的方式设定行政许可。实施后，除临时性行政许可事项外，国务院应当及时提请全国人民代表大会及其常务委员会制定法律，或者自行制定行政法规。

第十五条 【地方性法规、省级政府规章的行政许可设定权】 本法第十二条所列事项，尚未制定法律、行政法规的，地方性法规可以设定行政许可；尚未制定法律、行政法规和地方性法规的，因行政管理的需要，确需立即实施行政许可的，省、自治区、直辖市人民政府规章可以设定临时性的行政许可。临时性的行政许可实施满一年需要继续实施的，应当提请本级人民代表大会及其常务委员会制定地方性法规。

地方性法规和省、自治区、直辖市人民政府规章，不得设定应当由国家统一确定的公民、法人或者其他组织的资格、资质的行政许可；不得设定企业或者其他组织的设立登记及其前置性行政许可。其设定的行政许可，不得限制其他地区的个人或者企业到本地区从事生产经营和提供服务，不得限制其他地区的商品进入本地区市场。

第十六条　【行政许可规定权】行政法规可以在法律设定的行政许可事项范围内，对实施该行政许可作出具体规定。

地方性法规可以在法律、行政法规设定的行政许可事项范围内，对实施该行政许可作出具体规定。

规章可以在上位法设定的行政许可事项范围内，对实施该行政许可作出具体规定。

法规、规章对实施上位法设定的行政许可作出的具体规定，不得增设行政许可；对行政许可条件作出的具体规定，不得增设违反上位法的其他条件。

第十七条　【行政许可设立禁止】除本法第十四条、第十五条规定的外，其他规范性文件一律不得设定行政许可。

第十八条　【行政许可应当明确规定的事项】设定行政许可，应当规定行政许可的实施机关、条件、程序、期限。

第十九条　【设定行政许可应当听取意见、说明理由】起草法律草案、法规草案和省、自治区、直辖市人民政府规章草案，拟设定行政许可的，起草单位应当采取听证会、论证会等形式听取意见，并向制定机关说明设定该行政许可的必要性、对经济和社会可能产生的影响以及听取和采纳意见的情况。

第二十条　【行政许可评价制度】行政许可的设定机关应当定期对其设定的行政许可进行评价；对已设定的行政许可，认为通过本法第十三条所列方式能够解决的，应当对设定该行政许可的规定及时予以修改或者废止。

行政许可的实施机关可以对已设定的行政许可的实施情况

及存在的必要性适时进行评价，并将意见报告该行政许可的设定机关。

公民、法人或者其他组织可以向行政许可的设定机关和实施机关就行政许可的设定和实施提出意见和建议。

第二十一条　【停止实施行政许可】省、自治区、直辖市人民政府对行政法规设定的有关经济事务的行政许可，根据本行政区域经济和社会发展情况，认为通过本法第十三条所列方式能够解决的，报国务院批准后，可以在本行政区域内停止实施该行政许可。

第三章　行政许可的实施机关

第二十二条　【行政许可实施主体的一般规定】行政许可由具有行政许可权的行政机关在其法定职权范围内实施。

第二十三条　【法律、法规授权组织实施行政许可】法律、法规授权的具有管理公共事务职能的组织，在法定授权范围内，以自己的名义实施行政许可。被授权的组织适用本法有关行政机关的规定。

第二十四条　【委托实施行政许可的主体】行政机关在其法定职权范围内，依照法律、法规、规章的规定，可以委托其他行政机关实施行政许可。委托机关应当将受委托行政机关和受委托实施行政许可的内容予以公告。

委托行政机关对受委托行政机关实施行政许可的行为应当负责监督，并对该行为的后果承担法律责任。

受委托行政机关在委托范围内，以委托行政机关名义实施行政许可；不得再委托其他组织或者个人实施行政许可。

第二十五条　【相对集中行政许可权】经国务院批准，省、自治区、直辖市人民政府根据精简、统一、效能的原则，可以决定一个行政机关行使有关行政机关的行政许可权。

第二十六条　【一个窗口对外、统一办理或者联合办理、集中办理】行政许可需要行政机关内设的多个机构办理的，该行政机关应当确定一个机构统一受理行政许可申请，统一送达行政许可决定。

行政许可依法由地方人民政府两个以上部门分别实施的，本级人民政府可以确定一个部门受理行政许可申请并转告有关部门分别提出意见后统一办理，或者组织有关部门联合办理、集中办理。

第二十七条　【行政机关及其工作人员的纪律约束】行政机关实施行政许可，不得向申请人提出购买指定商品、接受有偿服务等不正当要求。

行政机关工作人员办理行政许可，不得索取或者收受申请人的财物，不得谋取其他利益。

第二十八条　【授权专业组织实施的指导性规定】对直接关系公共安全、人身健康、生命财产安全的设备、设施、产品、物品的检验、检测、检疫，除法律、行政法规规定由行政机关实施的外，应当逐步由符合法定条件的专业技术组织实施。专业技术组织及其有关人员对所实施的检验、检测、检疫结论承担法律责任。

第四章　行政许可的实施程序

第一节　申请与受理

第二十九条　【行政许可申请】公民、法人或者其他组织从事特定活动，依法需要取得行政许可的，应当向行政机关提出申请。申请书需要采用格式文本的，行政机关应当向申请人提供行政许可申请书格式文本。申请书格式文本中不得包含与申请行政许可事项没有直接关系的内容。

申请人可以委托代理人提出行政许可申请。但是，依法应当由申请人到行政机关办公场所提出行政许可申请的除外。

行政许可申请可以通过信函、电报、电传、传真、电子数据交换和电子邮件等方式提出。

第三十条　【行政机关公示义务】行政机关应当将法律、法规、规章规定的有关行政许可的事项、依据、条件、数量、程序、期限以及需要提交的全部材料的目录和申请书示范文本等在办公场所公示。

申请人要求行政机关对公示内容予以说明、解释的，行政机关应当说明、解释，提供准确、可靠的信息。

第三十一条　【申请人提交真实材料、反映真实情况义务】申请人申请行政许可，应当如实向行政机关提交有关材料和反映真实情况，并对其申请材料实质内容的真实性负责。行政机关不得要求申请人提交与其申请的行政许可事项无关的技术资料和其他材料。

第三十二条　【行政许可申请的处理】行政机关对申请人提出的行政许可申请，应当根据下列情况分别作出处理：

（一）申请事项依法不需要取得行政许可的，应当即时告知申请人不受理；

（二）申请事项依法不属于本行政机关职权范围的，应当即时作出不予受理的决定，并告知申请人向有关行政机关申请；

（三）申请材料存在可以当场更正的错误的，应当允许申请人当场更正；

（四）申请材料不齐全或者不符合法定形式的，应当当场或者在5日内一次告知申请人需要补正的全部内容，逾期不告知的，自收到申请材料之日起即为受理；

（五）申请事项属于本行政机关职权范围，申请材料齐全、符合法定形式，或者申请人按照本行政机关的要求提交全部补正申请材料的，应当受理行政许可申请。

行政机关受理或者不予受理行政许可申请，应当出具加盖本行政机关专用印章和注明日期的书面凭证。

第三十三条　【鼓励行政机关发展电子政务实施行政许可】行政机关应当建立和完善有关制度，推行电子政务，在行政机关的网站上公布行政许可事项，方便申请人采取数据电文等方式提出行政许可申请；应当与其他行政机关共享有关行政许可信息，提高办事效率。

第二节　审查与决定

第三十四条　【审查行政许可材料】行政机关应当对申请人提交的申请材料进行审查。

申请人提交的申请材料齐全、符合法定形式，行政机关能够当场作出决定的，应当当场作出书面的行政许可决定。

根据法定条件和程序，需要对申请材料的实质内容进行核实的，行政机关应当指派两名以上工作人员进行核查。

第三十五条　【多层级行政机关实施行政许可的审查程序】依法应当先经下级行政机关审查后报上级行政机关决定的行政许可，下级行政机关应当在法定期限内将初步审查意见和全部申请材料直接报送上级行政机关。上级行政机关不得要求申请人重复提供申请材料。

第三十六条　【直接关系他人重大利益的行政许可审查程序】行政机关对行政许可申请进行审查时，发现行政许可事项直接关系他人重大利益的，应当告知该利害关系人。申请人、利害关系人有权进行陈述和申辩。行政机关应当听取申请人、利害关系人的意见。

第三十七条　【行政机关依法作出行政许可决定】行政机关对行政许可申请进行审查后，除当场作出行政许可决定的外，应当在法定期限内按照规定程序作出行政许可决定。

第三十八条　【行政机关许可和不予许可应当履行的义务】申请人的申请符合法定条件、标准的，行政机关应当依法作出准予行政许可的书面决定。

行政机关依法作出不予行政许可的书面决定的，应当说明理由，并告知申请人享有依法申请行政复议或者提起行政诉讼的权利。

第三十九条　【颁发行政许可证件】行政机关作出准予行政许可的决定，需要颁发行政许可证件的，应当向申请人颁发加盖本行政机关印章的下列行政许可证件：

（一）许可证、执照或者其他许可证书；

（二）资格证、资质证或者其他合格证书；

（三）行政机关的批准文件或者证明文件；

（四）法律、法规规定的其他行政许可证件。

行政机关实施检验、检测、检疫的，可以在检验、检测、检疫合格的设备、设施、产品、物品上加贴标签或者加盖检验、检测、检疫印章。

第四十条　【准予行政许可决定的公开义务】行政机关作出的准予行政许可决定，应当予以公开，公众有权查阅。

第四十一条　【行政许可的地域效力】法律、行政法规设定的行政许可，其适用范围没有地域限制的，申请人取得的行政许可在全国范围内有效。

第三节　期　　限

第四十二条　【行政许可一般期限】除可以当场作出行政许可决定的外，行政机关应当自受理行政许可申请之日起20日内作出行政许可决定。20日内不能作出决定的，经本行政机关负责人批准，可以延长10日，并应当将延长期限的理由告知申请人。但是，法律、法规另有规定的，依照其规定。

依照本法第二十六条的规定，行政许可采取统一办理或者联合办理、集中办理的，办理的时间不得超过45日；45日内不能办结的，经本级人民政府负责人批准，可以延长15日，并应当将延长期限的理由告知申请人。

第四十三条　【多层级许可的审查期限】依法应当先经下

级行政机关审查后报上级行政机关决定的行政许可，下级行政机关应当自其受理行政许可申请之日起20日内审查完毕。但是，法律、法规另有规定的，依照其规定。

第四十四条　【许可证章颁发期限】行政机关作出准予行政许可的决定，应当自作出决定之日起10日内向申请人颁发、送达行政许可证件，或者加贴标签、加盖检验、检测、检疫印章。

第四十五条　【不纳入许可期限的事项】行政机关作出行政许可决定，依法需要听证、招标、拍卖、检验、检测、检疫、鉴定和专家评审的，所需时间不计算在本节规定的期限内。行政机关应当将所需时间书面告知申请人。

第四节　听　　证

第四十六条　【行政机关主动举行听证的行政许可事项】法律、法规、规章规定实施行政许可应当听证的事项，或者行政机关认为需要听证的其他涉及公共利益的重大行政许可事项，行政机关应当向社会公告，并举行听证。

第四十七条　【行政机关应申请举行听证的行政许可事项】行政许可直接涉及申请人与他人之间重大利益关系的，行政机关在作出行政许可决定前，应当告知申请人、利害关系人享有要求听证的权利；申请人、利害关系人在被告知听证权利之日起5日内提出听证申请的，行政机关应当在20日内组织听证。

申请人、利害关系人不承担行政机关组织听证的费用。

第四十八条　【行政许可听证程序规则】听证按照下列程序进行：

（一）行政机关应当于举行听证的 7 日前将举行听证的时间、地点通知申请人、利害关系人，必要时予以公告；

（二）听证应当公开举行；

（三）行政机关应当指定审查该行政许可申请的工作人员以外的人员为听证主持人，申请人、利害关系人认为主持人与该行政许可事项有直接利害关系的，有权申请回避；

（四）举行听证时，审查该行政许可申请的工作人员应当提供审查意见的证据、理由，申请人、利害关系人可以提出证据，并进行申辩和质证；

（五）听证应当制作笔录，听证笔录应当交听证参加人确认无误后签字或者盖章。

行政机关应当根据听证笔录，作出行政许可决定。

第五节　变更与延续

第四十九条　【变更行政许可的程序】被许可人要求变更行政许可事项的，应当向作出行政许可决定的行政机关提出申请；符合法定条件、标准的，行政机关应当依法办理变更手续。

第五十条　【延续行政许可的程序】被许可人需要延续依法取得的行政许可的有效期的，应当在该行政许可有效期届满 30 日前向作出行政许可决定的行政机关提出申请。但是，法律、法规、规章另有规定的，依照其规定。

行政机关应当根据被许可人的申请，在该行政许可有效期届满前作出是否准予延续的决定；逾期未作决定的，视为准予延续。

第六节　特别规定

第五十一条　【其他规定适用规则】实施行政许可的程序，本节有规定的，适用本节规定；本节没有规定的，适用本章其他有关规定。

第五十二条　【国务院实施行政许可程序】国务院实施行政许可的程序，适用有关法律、行政法规的规定。

第五十三条　【通过招标拍卖作出行政许可决定】实施本法第十二条第二项所列事项的行政许可的，行政机关应当通过招标、拍卖等公平竞争的方式作出决定。但是，法律、行政法规另有规定的，依照其规定。

行政机关通过招标、拍卖等方式作出行政许可决定的具体程序，依照有关法律、行政法规的规定。

行政机关按照招标、拍卖程序确定中标人、买受人后，应当作出准予行政许可的决定，并依法向中标人、买受人颁发行政许可证件。

行政机关违反本条规定，不采用招标、拍卖方式，或者违反招标、拍卖程序，损害申请人合法权益的，申请人可以依法申请行政复议或者提起行政诉讼。

第五十四条　【通过考试考核方式作出行政许可决定】实施本法第十二条第三项所列事项的行政许可，赋予公民特定资格，依法应当举行国家考试的，行政机关根据考试成绩和其他法定条件作出行政许可决定；赋予法人或者其他组织特定的资格、资质的，行政机关根据申请人的专业人员构成、技术条件、经营业绩和管理水平等的考核结果作出行政许可决定。但是，法律、行政法规另有规定的，依照其规定。

公民特定资格的考试依法由行政机关或者行业组织实施，公开举行。行政机关或者行业组织应当事先公布资格考试的报名条件、报考办法、考试科目以及考试大纲。但是，不得组织强制性的资格考试的考前培训，不得指定教材或者其他助考材料。

第五十五条　【根据技术标准、技术规范作出行政许可决定】实施本法第十二条第四项所列事项的行政许可的，应当按照技术标准、技术规范依法进行检验、检测、检疫，行政机关根据检验、检测、检疫的结果作出行政许可决定。

行政机关实施检验、检测、检疫，应当自受理申请之日起5日内指派两名以上工作人员按照技术标准、技术规范进行检验、检测、检疫。不需要对检验、检测、检疫结果作进一步技术分析即可认定设备、设施、产品、物品是否符合技术标准、技术规范的，行政机关应当当场作出行政许可决定。

行政机关根据检验、检测、检疫结果，作出不予行政许可决定的，应当书面说明不予行政许可所依据的技术标准、技术规范。

第五十六条　【当场许可的特别规定】实施本法第十二条第五项所列事项的行政许可，申请人提交的申请材料齐全、符合法定形式的，行政机关应当当场予以登记。需要对申请材料的实质内容进行核实的，行政机关依照本法第三十四条第三款的规定办理。

第五十七条　【有数量限制的行政许可】有数量限制的行政许可，两个或者两个以上申请人的申请均符合法定条件、标准的，行政机关应当根据受理行政许可申请的先后顺序作出准予行政许可的决定。但是，法律、行政法规另有规定的，依照其规定。

第五章 行政许可的费用

第五十八条 【收费原则和经费保障】行政机关实施行政许可和对行政许可事项进行监督检查，不得收取任何费用。但是，法律、行政法规另有规定的，依照其规定。

行政机关提供行政许可申请书格式文本，不得收费。

行政机关实施行政许可所需经费应当列入本行政机关的预算，由本级财政予以保障，按照批准的预算予以核拨。

第五十九条 【收费规则以及对收费所得款项的处理】行政机关实施行政许可，依照法律、行政法规收取费用的，应当按照公布的法定项目和标准收费；所收取的费用必须全部上缴国库，任何机关或者个人不得以任何形式截留、挪用、私分或者变相私分。财政部门不得以任何形式向行政机关返还或者变相返还实施行政许可所收取的费用。

第六章 监督检查

第六十条 【行政许可层级监督】上级行政机关应当加强对下级行政机关实施行政许可的监督检查，及时纠正行政许可实施中的违法行为。

第六十一条 【书面检查原则】行政机关应当建立健全监督制度，通过核查反映被许可人从事行政许可事项活动情况的有关材料，履行监督责任。

行政机关依法对被许可人从事行政许可事项的活动进行监督检查时，应当将监督检查的情况和处理结果予以记录，由监督检查人员签字后归档。公众有权查阅行政机关监督检查记录。

行政机关应当创造条件，实现与被许可人、其他有关行政机关的计算机档案系统互联，核查被许可人从事行政许可事项活动情况。

第六十二条　【抽样检查、检验、检测和实地检查、定期检验权适用的情形及程序】行政机关可以对被许可人生产经营的产品依法进行抽样检查、检验、检测，对其生产经营场所依法进行实地检查。检查时，行政机关可以依法查阅或者要求被许可人报送有关材料；被许可人应当如实提供有关情况和材料。

行政机关根据法律、行政法规的规定，对直接关系公共安全、人身健康、生命财产安全的重要设备、设施进行定期检验。对检验合格的，行政机关应当发给相应的证明文件。

第六十三条　【行政机关实施监督检查时应当遵守的纪律】行政机关实施监督检查，不得妨碍被许可人正常的生产经营活动，不得索取或者收受被许可人的财物，不得谋取其他利益。

第六十四条　【行政许可监督检查的属地管辖与协作】被许可人在作出行政许可决定的行政机关管辖区域外违法从事行政许可事项活动的，违法行为发生地的行政机关应当依法将被许可人的违法事实、处理结果抄告作出行政许可决定的行政机关。

第六十五条　【个人、组织对违法从事行政许可活动的监督】个人和组织发现违法从事行政许可事项的活动，有权向行政机关举报，行政机关应当及时核实、处理。

第六十六条　【依法开发利用资源】被许可人未依法履行开发利用自然资源义务或者未依法履行利用公共资源义务的，行政机关应当责令限期改正；被许可人在规定期限内不改正的，行政机关应当依照有关法律、行政法规的规定予以处理。

第六十七条　【特定行业市场准入被许可人的义务和法律责任】取得直接关系公共利益的特定行业的市场准入行政许可的被许可人，应当按照国家规定的服务标准、资费标准和行政机关依法规定的条件，向用户提供安全、方便、稳定和价格合理的服务，并履行普遍服务的义务；未经作出行政许可决定的行政机关批准，不得擅自停业、歇业。

被许可人不履行前款规定的义务的，行政机关应当责令限期改正，或者依法采取有效措施督促其履行义务。

第六十八条　【自检制度】对直接关系公共安全、人身健康、生命财产安全的重要设备、设施，行政机关应当督促设计、建造、安装和使用单位建立相应的自检制度。

行政机关在监督检查时，发现直接关系公共安全、人身健康、生命财产安全的重要设备、设施存在安全隐患的，应当责令停止建造、安装和使用，并责令设计、建造、安装和使用单位立即改正。

第六十九条　【撤销行政许可的情形】有下列情形之一的，作出行政许可决定的行政机关或者其上级行政机关，根据利害关系人的请求或者依据职权，可以撤销行政许可：

（一）行政机关工作人员滥用职权、玩忽职守作出准予行政许可决定的；

（二）超越法定职权作出准予行政许可决定的；

（三）违反法定程序作出准予行政许可决定的；

（四）对不具备申请资格或者不符合法定条件的申请人准予行政许可的；

（五）依法可以撤销行政许可的其他情形。

被许可人以欺骗、贿赂等不正当手段取得行政许可的，应当予以撤销。

依照前两款的规定撤销行政许可，可能对公共利益造成重大损害的，不予撤销。

依照本条第一款的规定撤销行政许可，被许可人的合法权益受到损害的，行政机关应当依法给予赔偿。依照本条第二款的规定撤销行政许可的，被许可人基于行政许可取得的利益不受保护。

第七十条　【注销行政许可的情形】有下列情形之一的，行政机关应当依法办理有关行政许可的注销手续：

（一）行政许可有效期届满未延续的；

（二）赋予公民特定资格的行政许可，该公民死亡或者丧失行为能力的；

（三）法人或者其他组织依法终止的；

（四）行政许可依法被撤销、撤回，或者行政许可证件依法被吊销的；

（五）因不可抗力导致行政许可事项无法实施的；

（六）法律、法规规定的应当注销行政许可的其他情形。

第七章　法律责任

第七十一条　【规范性文件违法设定行政许可的法律责任】

违反本法第十七条规定设定的行政许可，有关机关应当责令设定该行政许可的机关改正，或者依法予以撤销。

第七十二条　【行政机关及其工作人员违反行政许可程序应当承担的法律责任】行政机关及其工作人员违反本法的规定，有下列情形之一的，由其上级行政机关或者监察机关责令改正；情节严重的，对直接负责的主管人员和其他直接责任人员依法给予行政处分：

（一）对符合法定条件的行政许可申请不予受理的；

（二）不在办公场所公示依法应当公示的材料的；

（三）在受理、审查、决定行政许可过程中，未向申请人、利害关系人履行法定告知义务的；

（四）申请人提交的申请材料不齐全、不符合法定形式，不一次告知申请人必须补正的全部内容的；

（五）未依法说明不受理行政许可申请或者不予行政许可的理由的；

（六）依法应当举行听证而不举行听证的。

第七十三条　【行政机关工作人员索取或者收受他人财物及利益应当承担的法律责任】行政机关工作人员办理行政许可、实施监督检查，索取或者收受他人财物或者谋取其他利益，构成犯罪的，依法追究刑事责任；尚不构成犯罪的，依法给予行政处分。

第七十四条　【行政机关及其工作人员实体违法的法律责任】行政机关实施行政许可，有下列情形之一的，由其上级行政机关或者监察机关责令改正，对直接负责的主管人员和其他直接责任人员依法给予行政处分；构成犯罪的，依法追究刑事责任：

（一）对不符合法定条件的申请人准予行政许可或者超越法定职权作出准予行政许可决定的；

（二）对符合法定条件的申请人不予行政许可或者不在法定期限内作出准予行政许可决定的；

（三）依法应当根据招标、拍卖结果或者考试成绩择优作出准予行政许可决定，未经招标、拍卖或者考试，或者不根据招标、拍卖结果或者考试成绩择优作出准予行政许可决定的。

第七十五条　【行政机关及其工作人员违反收费规定的法律责任】行政机关实施行政许可，擅自收费或者不按照法定项目和标准收费的，由其上级行政机关或者监察机关责令退还非法收取的费用；对直接负责的主管人员和其他直接责任人员依法给予行政处分。

截留、挪用、私分或者变相私分实施行政许可依法收取的费用的，予以追缴；对直接负责的主管人员和其他直接责任人员依法给予行政处分；构成犯罪的，依法追究刑事责任。

第七十六条　【行政机关违法实施许可的赔偿责任】行政机关违法实施行政许可，给当事人的合法权益造成损害的，应当依照国家赔偿法的规定给予赔偿。

第七十七条　【行政机关不依法履行监督责任或者监督不力的法律责任】行政机关不依法履行监督职责或者监督不力，造成严重后果的，由其上级行政机关或者监察机关责令改正，对直接负责的主管人员和其他直接责任人员依法给予行政处分；构成犯罪的，依法追究刑事责任。

第七十八条　【申请人申请不实应承担的法律责任】行政

许可申请人隐瞒有关情况或者提供虚假材料申请行政许可的，行政机关不予受理或者不予行政许可，并给予警告；行政许可申请属于直接关系公共安全、人身健康、生命财产安全事项的，申请人在一年内不得再次申请该行政许可。

第七十九条　【申请人以欺骗、贿赂等不正当手段取得行政许可应当承担的法律责任】被许可人以欺骗、贿赂等不正当手段取得行政许可的，行政机关应当依法给予行政处罚；取得的行政许可属于直接关系公共安全、人身健康、生命财产安全事项的，申请人在3年内不得再次申请该行政许可；构成犯罪的，依法追究刑事责任。

第八十条　【被许可人违法从事行政许可活动的法律责任】被许可人有下列行为之一的，行政机关应当依法给予行政处罚；构成犯罪的，依法追究刑事责任：

（一）涂改、倒卖、出租、出借行政许可证件，或者以其他形式非法转让行政许可的；

（二）超越行政许可范围进行活动的；

（三）向负责监督检查的行政机关隐瞒有关情况、提供虚假材料或者拒绝提供反映其活动情况的真实材料的；

（四）法律、法规、规章规定的其他违法行为。

第八十一条　【公民、法人或者其他组织未经行政许可从事应当取得行政许可活动的法律责任】公民、法人或者其他组织未经行政许可，擅自从事依法应当取得行政许可的活动的，行政机关应当依法采取措施予以制止，并依法给予行政处罚；构成犯罪的，依法追究刑事责任。

第八章　附　　则

第八十二条　【行政许可的期限计算】本法规定的行政机关实施行政许可的期限以工作日计算，不含法定节假日。

第八十三条　【施行日期及对现行行政许可进行清理的规定】本法自2004年7月1日起施行。

本法施行前有关行政许可的规定，制定机关应当依照本法规定予以清理；不符合本法规定的，自本法施行之日起停止执行。

中华人民共和国行政处罚法

（1996年3月17日第八届全国人民代表大会第四次会议通过　根据2009年8月27日第十一届全国人民代表大会常务委员会第十次会议《关于修改部分法律的决定》修正）

第一章　总　　则

第一条　【立法目的】为了规范行政处罚的设定和实施，保障和监督行政机关有效实施行政管理，维护公共利益和社会秩序，保护公民、法人或者其他组织的合法权益，根据宪法，制定本法。

第二条　【适用范围】行政处罚的设定和实施，适用本法。

第三条　【适用对象】公民、法人或者其他组织违反行政管理秩序的行为，应当给予行政处罚的，依照本法由法律、法规或者规章规定，并由行政机关依照本法规定的程序实施。

没有法定依据或者不遵守法定程序的，行政处罚无效。

第四条　【适用原则】行政处罚遵循公正、公开的原则。

设定和实施行政处罚必须以事实为依据，与违法行为的事实、性质、情节以及社会危害程度相当。

对违法行为给予行政处罚的规定必须公布；未经公布的，不得作为行政处罚的依据。

第五条　【适用目的】实施行政处罚，纠正违法行为，应当坚持处罚与教育相结合，教育公民、法人或者其他组织自觉守法。

第六条　【被处罚者权利】公民、法人或者其他组织对行政机关所给予的行政处罚，享有陈述权、申辩权；对行政处罚不服的，有权依法申请行政复议或者提起行政诉讼。

公民、法人或者其他组织因行政机关违法给予行政处罚受到损害的，有权依法提出赔偿要求。

第七条　【被处罚者承担的其他法律责任】公民、法人或者其他组织因违法受到行政处罚，其违法行为对他人造成损害的，应当依法承担民事责任。

违法行为构成犯罪，应当依法追究刑事责任，不得以行政处罚代替刑事处罚。

第二章　行政处罚的种类和设定

第八条　【处罚的种类】行政处罚的种类：

（一）警告；

（二）罚款；

（三）没收违法所得、没收非法财物；

（四）责令停产停业；

（五）暂扣或者吊销许可证、暂扣或者吊销执照；

（六）行政拘留；

（七）法律、行政法规规定的其他行政处罚。

第九条　【法律对处罚种类的设定】法律可以设定各种行政处罚。

限制人身自由的行政处罚，只能由法律设定。

第十条　【行政法规对处罚种类的设定】行政法规可以设定除限制人身自由以外的行政处罚。

法律对违法行为已经作出行政处罚规定，行政法规需要作出具体规定的，必须在法律规定的给予行政处罚的行为、种类和幅度的范围内规定。

第十一条　【地方性法规对处罚种类的设定】地方性法规可以设定除限制人身自由、吊销企业营业执照以外的行政处罚。

法律、行政法规对违法行为已经作出行政处罚规定，地方性法规需要作出具体规定的，必须在法律、行政法规规定的给予行政处罚的行为、种类和幅度的范围内规定。

第十二条　【国务院部、委的规章对处罚的设定】国务院部、委员会制定的规章可以在法律、行政法规规定的给予行政处罚的行为、种类和幅度的范围内作出具体规定。

尚未制定法律、行政法规的，前款规定的国务院部、委员会制定的规章对违反行政管理秩序的行为，可以设定警告或者一定数量罚款的行政处罚。罚款的限额由国务院规定。

国务院可以授权具有行政处罚权的直属机构依照本条第一款、第二款的规定，规定行政处罚。

第十三条　【省、自治区人民政府及有权的市的规章对处罚的设定】省、自治区、直辖市人民政府和省、自治区人民政府所在地的市人民政府以及经国务院批准的较大的市人民政府制定的规章可以在法律、法规规定的给予行政处罚的行为、种类和幅度的范围内作出具体规定。

尚未制定法律、法规的，前款规定的人民政府制定的规章对违反行政管理秩序的行为，可以设定警告或者一定数量罚款的行政处罚。罚款的限额由省、自治区、直辖市人民代表大会常务委员会规定。

第十四条　【其他规范性文件不得设定行政处罚】除本法第九条、第十条、第十一条、第十二条以及第十三条的规定外，其他规范性文件不得设定行政处罚。

第三章　行政处罚的实施机关

第十五条　【处罚的实施】行政处罚由具有行政处罚权的行政机关在法定职权范围内实施。

第十六条　【处罚的权限】国务院或者经国务院授权的省、自治区、直辖市人民政府可以决定一个行政机关行使有关行政机关的行政处罚权，但限制人身自由的行政处罚权只能由公安机关行使。

第十七条　【授权实施处罚】法律、法规授权的具有管理公共事务职能的组织可以在法定授权范围内实施行政处罚。

第十八条　【委托实施处罚】行政机关依照法律、法规或者规章的规定，可以在其法定权限内委托符合本法第十九条规定条件的组织实施行政处罚。行政机关不得委托其他组织或者个人实施行政处罚。

委托行政机关对受委托的组织实施行政处罚的行为应当负责监督，并对该行为的后果承担法律责任。

受委托组织在委托范围内，以委托行政机关名义实施行政处罚；不得再委托其他任何组织或者个人实施行政处罚。

第十九条　【受托组织的条件】受委托组织必须符合以下条件：

（一）依法成立的管理公共事务的事业组织；

（二）具有熟悉有关法律、法规、规章和业务的工作人员；

（三）对违法行为需要进行技术检查或者技术鉴定的，应当有条件组织进行相应的技术检查或者技术鉴定。

第四章　行政处罚的管辖和适用

第二十条　【处罚的管辖】行政处罚由违法行为发生地的县级以上地方人民政府具有行政处罚权的行政机关管辖。法律、行政法规另有规定的除外。

第二十一条　【指定管辖】对管辖发生争议的，报请共同的上一级行政机关指定管辖。

第二十二条　【构成犯罪案件的移送】违法行为构成犯罪的，行政机关必须将案件移送司法机关，依法追究刑事责任。

第二十三条　【改正违法行为】行政机关实施行政处罚时，应当责令当事人改正或者限期改正违法行为。

第二十四条　【同一行为不得重复处罚】对当事人的同一个违法行为，不得给予两次以上罚款的行政处罚。

第二十五条　【未成年人处罚的限制】不满 14 周岁的人有违法行为的，不予行政处罚，责令监护人加以管教；已满 14 周岁不满 18 周岁的人有违法行为的，从轻或者减轻行政处罚。

第二十六条　【精神病人处罚的限制】精神病人在不能辨认或者不能控制自己行为时有违法行为的，不予行政处罚，但应当责令其监护人严加看管和治疗。间歇性精神病人在精神正常时有违法行为的，应当给予行政处罚。

第二十七条　【从轻、减轻处罚的条件】当事人有下列情形之一的，应当依法从轻或者减轻行政处罚：

（一）主动消除或者减轻违法行为危害后果的；

（二）受他人胁迫有违法行为的；

（三）配合行政机关查处违法行为有立功表现的；

（四）其他依法从轻或者减轻行政处罚的。

违法行为轻微并及时纠正，没有造成危害后果的，不予行政处罚。

第二十八条　【刑罚的折抵】违法行为构成犯罪，人民法院判处拘役或者有期徒刑时，行政机关已经给予当事人行政拘留的，应当依法折抵相应刑期。

违法行为构成犯罪，人民法院判处罚金时，行政机关已经给予当事人罚款的，应当折抵相应罚金。

第二十九条　【处罚的时效】违法行为在 2 年内未被发现

的，不再给予行政处罚。法律另有规定的除外。

前款规定的期限，从违法行为发生之日起计算；违法行为有连续或者继续状态的，从行为终了之日起计算。

第五章　行政处罚的决定

第三十条　【处罚的条件】公民、法人或者其他组织违反行政管理秩序的行为，依法应当给予行政处罚的，行政机关必须查明事实；违法事实不清的，不得给予行政处罚。

第三十一条　【告知义务】行政机关在作出行政处罚决定之前，应当告知当事人作出行政处罚决定的事实、理由及依据，并告知当事人依法享有的权利。

第三十二条　【当事人的申辩、陈述权】当事人有权进行陈述和申辩。行政机关必须充分听取当事人的意见，对当事人提出的事实、理由和证据，应当进行复核；当事人提出的事实、理由或者证据成立的，行政机关应当采纳。

行政机关不得因当事人申辩而加重处罚。

第一节　简易程序

第三十三条　【当场处罚】违法事实确凿并有法定依据，对公民处以50元以下、对法人或者其他组织处以1000元以下罚款或者警告的行政处罚的，可以当场作出行政处罚决定。当事人应当依照本法第四十六条、第四十七条、第四十八条的规定履行行政处罚决定。

第三十四条　【当场处罚的行政处罚决定书】执法人员当

场作出行政处罚决定的，应当向当事人出示执法身份证件，填写预定格式、编有号码的行政处罚决定书。行政处罚决定书应当当场交付当事人。

前款规定的行政处罚决定书应当载明当事人的违法行为、行政处罚依据、罚款数额、时间、地点以及行政机关名称，并由执法人员签名或者盖章。

执法人员当场作出的行政处罚决定，必须报所属行政机关备案。

第三十五条　【不服处罚提起的复议或诉讼】当事人对当场作出的行政处罚决定不服的，可以依法申请行政复议或者提起行政诉讼。

第二节　一 般 程 序

第三十六条　【取证】除本法第三十三条规定的可以当场作出的行政处罚外，行政机关发现公民、法人或者其他组织有依法应当给予行政处罚的行为的，必须全面、客观、公正地调查，收集有关证据；必要时，依照法律、法规的规定，可以进行检查。

第三十七条　【证据的收集】行政机关在调查或者进行检查时，执法人员不得少于两人，并应当向当事人或者有关人员出示证件。当事人或者有关人员应当如实回答询问，并协助调查或者检查，不得阻挠。询问或者检查应当制作笔录。

行政机关在收集证据时，可以采取抽样取证的方法；在证据可能灭失或者以后难以取得的情况下，经行政机关负责人批准，可以先行登记保存，并应当在 7 日内及时作出处理决定，在此期间，当事人或者有关人员不得销毁或者转移证据。

执法人员与当事人有直接利害关系的，应当回避。

第三十八条　【处罚决定】 调查终结，行政机关负责人应当对调查结果进行审查，根据不同情况，分别作出如下决定：

（一）确有应受行政处罚的违法行为的，根据情节轻重及具体情况，作出行政处罚决定；

（二）违法行为轻微，依法可以不予行政处罚的，不予行政处罚；

（三）违法事实不能成立的，不得给予行政处罚；

（四）违法行为已构成犯罪的，移送司法机关。

对情节复杂或者重大违法行为给予较重的行政处罚，行政机关的负责人应当集体讨论决定。

第三十九条　【处罚决定书的内容】 行政机关依照本法第三十八条的规定给予行政处罚，应当制作行政处罚决定书。行政处罚决定书应当载明下列事项：

（一）当事人的姓名或者名称、地址；

（二）违反法律、法规或者规章的事实和证据；

（三）行政处罚的种类和依据；

（四）行政处罚的履行方式和期限；

（五）不服行政处罚决定，申请行政复议或者提起行政诉讼的途径和期限；

（六）作出行政处罚决定的行政机关名称和作出决定的日期。

行政处罚决定书必须盖有作出行政处罚决定的行政机关的印章。

第四十条　【送达】行政处罚决定书应当在宣告后当场交付当事人；当事人不在场的，行政机关应当在 7 日内依照民事诉讼法的有关规定，将行政处罚决定书送达当事人。

第四十一条　【处罚的成立条件】行政机关及其执法人员在作出行政处罚决定之前，不依照本法第三十一条、第三十二条的规定向当事人告知给予行政处罚的事实、理由和依据，或者拒绝听取当事人的陈述、申辩，行政处罚决定不能成立；当事人放弃陈述或者申辩权利的除外。

第三节　听 证 程 序

第四十二条　【听证范围及程序】行政机关作出责令停产停业、吊销许可证或者执照、较大数额罚款等行政处罚决定之前，应当告知当事人有要求举行听证的权利；当事人要求听证的，行政机关应当组织听证。当事人不承担行政机关组织听证的费用。听证依照以下程序组织：

（一）当事人要求听证的，应当在行政机关告知后 3 日内提出；

（二）行政机关应当在听证的 7 日前，通知当事人举行听证的时间、地点；

（三）除涉及国家秘密、商业秘密或者个人隐私外，听证公开举行；

（四）听证由行政机关指定的非本案调查人员主持；当事人认为主持人与本案有直接利害关系的，有权申请回避；

（五）当事人可以亲自参加听证，也可以委托 1 至 2 人代理；

（六）举行听证时，调查人员提出当事人违法的事实、证据和行政处罚建议；当事人进行申辩和质证；

（七）听证应当制作笔录；笔录应当交当事人审核无误后签字或者盖章。

当事人对限制人身自由的行政处罚有异议的，依照治安管理处罚法有关规定执行。

第四十三条　【听证之后的处理】听证结束后，行政机关依照本法第三十八条的规定，作出决定。

第六章　行政处罚的执行

第四十四条　【当事人有履行处罚的义务】行政处罚决定依法作出后，当事人应当在行政处罚决定的期限内，予以履行。

第四十五条　【申请复议、提起诉讼不中止处罚的执行】当事人对行政处罚决定不服申请行政复议或者提起行政诉讼的，行政处罚不停止执行，法律另有规定的除外。

第四十六条　【罚缴分离原则】作出罚款决定的行政机关应当与收缴罚款的机构分离。

除依照本法第四十七条、第四十八条的规定当场收缴的罚款外，作出行政处罚决定的行政机关及其执法人员不得自行收缴罚款。

当事人应当自收到行政处罚决定书之日起15日内，到指定的银行缴纳罚款。银行应当收受罚款，并将罚款直接上缴国库。

第四十七条　【当场收缴罚款范围】依照本法第三十三条的规定当场作出行政处罚决定，有下列情形之一的，执法人员可以当场收缴罚款：

（一）依法给予20元以下的罚款的；

（二）不当场收缴事后难以执行的。

第四十八条　【边远地区当场收缴罚款】 在边远、水上、交通不便地区，行政机关及其执法人员依照本法第三十三条、第三十八条的规定作出罚款决定后，当事人向指定的银行缴纳罚款确有困难，经当事人提出，行政机关及其执法人员可以当场收缴罚款。

第四十九条　【罚款收据】 行政机关及其执法人员当场收缴罚款的，必须向当事人出具省、自治区、直辖市财政部门统一制发的罚款收据；不出具财政部门统一制发的罚款收据的，当事人有权拒绝缴纳罚款。

第五十条　【罚款交纳期】 执法人员当场收缴的罚款，应当自收缴罚款之日起2日内，交至行政机关；在水上当场收缴的罚款，应当自抵岸之日起2日内交至行政机关；行政机关应当在2日内将罚款缴付指定的银行。

第五十一条　【执行措施】 当事人逾期不履行行政处罚决定的，作出行政处罚决定的行政机关可以采取下列措施：

（一）到期不缴纳罚款的，每日按罚款数额的3%加处罚款；

（二）根据法律规定，将查封、扣押的财物拍卖或者将冻结的存款划拨抵缴罚款；

（三）申请人民法院强制执行。

第五十二条　【分期缴纳罚款】 当事人确有经济困难，需要延期或者分期缴纳罚款的，经当事人申请和行政机关批准，可以暂缓或者分期缴纳。

第五十三条　【没收的非法财物的处理】除依法应当予以销毁的物品外，依法没收的非法财物必须按照国家规定公开拍卖或者按照国家有关规定处理。

罚款、没收违法所得或者没收非法财物拍卖的款项，必须全部上缴国库，任何行政机关或者个人不得以任何形式截留、私分或者变相私分；财政部门不得以任何形式向作出行政处罚决定的行政机关返还罚款、没收的违法所得或者返还没收非法财物的拍卖款项。

第五十四条　【监督检查】行政机关应当建立健全对行政处罚的监督制度。县级以上人民政府应当加强对行政处罚的监督检查。

公民、法人或者其他组织对行政机关作出的行政处罚，有权申诉或者检举；行政机关应当认真审查，发现行政处罚有错误的，应当主动改正。

第七章　法律责任

第五十五条　【上级行政机关的监督】行政机关实施行政处罚，有下列情形之一的，由上级行政机关或者有关部门责令改正，可以对直接负责的主管人员和其他直接责任人员依法给予行政处分：

（一）没有法定的行政处罚依据的；

（二）擅自改变行政处罚种类、幅度的；

（三）违反法定的行政处罚程序的；

（四）违反本法第十八条关于委托处罚的规定的。

第五十六条　【当事人的拒绝处罚权及检举权】行政机关对当事人进行处罚不使用罚款、没收财物单据或者使用非法定部门制发的罚款、没收财物单据的，当事人有权拒绝处罚，并有权予以检举。上级行政机关或者有关部门对使用的非法单据予以收缴销毁，对直接负责的主管人员和其他直接责任人员依法给予行政处分。

第五十七条　【自行收缴罚款的处理】行政机关违反本法第四十六条的规定自行收缴罚款的，财政部门违反本法第五十三条的规定向行政机关返还罚款或者拍卖款项的，由上级行政机关或者有关部门责令改正，对直接负责的主管人员和其他直接责任人员依法给予行政处分。

第五十八条　【私分罚没财物的处理】行政机关将罚款、没收的违法所得或者财物截留、私分或者变相私分的，由财政部门或者有关部门予以追缴，对直接负责的主管人员和其他直接责任人员依法给予行政处分；情节严重构成犯罪的，依法追究刑事责任。

执法人员利用职务上的便利，索取或者收受他人财物、收缴罚款据为己有，构成犯罪的，依法追究刑事责任；情节轻微不构成犯罪的，依法给予行政处分。

第五十九条　【行政机关的赔偿责任及对有关人员的处理】行政机关使用或者损毁扣押的财物，对当事人造成损失的，应当依法予以赔偿，对直接负责的主管人员和其他直接责任人员依法给予行政处分。

第六十条　【违法实行检查或执行措施的赔偿责任】行政机关违法实行检查措施或者执行措施，给公民人身或者财产造成损害、给法人或者其他组织造成损失的，应当依法予以赔偿，对直接负责的主管人员和其他直接责任人员依法给予行政处分；情节严重构成犯罪的，依法追究刑事责任。

第六十一条　【对拒不移交罪犯的有关人员的处理】行政机关为牟取本单位私利，对应当依法移交司法机关追究刑事责任的不移交，以行政处罚代替刑罚，由上级行政机关或者有关部门责令纠正；拒不纠正的，对直接负责的主管人员给予行政处分；徇私舞弊、包庇纵容违法行为的，依照刑法有关规定追究刑事责任。

第六十二条　【执法人员失职承担的责任】执法人员玩忽职守，对应当予以制止和处罚的违法行为不予制止、处罚，致使公民、法人或者其他组织的合法权益、公共利益和社会秩序遭受损害的，对直接负责的主管人员和其他直接责任人员依法给予行政处分；情节严重构成犯罪的，依法追究刑事责任。

第八章　附　　则

第六十三条　【国务院制定罚缴分离办法】本法第四十六条罚款决定与罚款收缴分离的规定，由国务院制定具体实施办法。

第六十四条　【生效日期】本法自 1996 年 10 月 1 日起施行。

本法公布前制定的法规和规章关于行政处罚的规定与本法不符合的，应当自本法公布之日起，依照本法规定予以修订，在 1997 年 12 月 31 日前修订完毕。

商务行政处罚程序规定

（2012年5月12日商务部令2012年第6号公布
自2012年7月1日起施行）

第一章　总　　则

第一条　为规范商务主管部门实施行政处罚，保护公民、法人和其他组织的合法权益，根据《中华人民共和国行政处罚法》（以下简称行政处罚法）及有关法律、行政法规的规定，结合商务系统实际，制定本规定。

第二条　商务主管部门实施行政处罚，以及开展与行政处罚相关的监督检查、调查取证等活动，应当遵守行政处罚法和有关法律、法规、规章及本规定。

第三条　商务主管部门实施行政处罚应当遵循以下原则：

（一）以法律、法规、规章为依据；

（二）以事实为基础，处罚内容与违法行为的事实、性质、情节以及社会危害程度相当；

（三）公正、公开、及时实施；

（四）保障公民、法人或其他组织的合法权益；

（五）坚持处罚与教育相结合。

第四条　商务主管部门实施行政处罚由其内设机构根据职责分工依法具体实施。商务主管部门可以将本部门行政处罚工作统一交由一个内设机构，或者依法委托符合行政处罚法第十九条规定条件的组织具体承担。

内设机构应当在所属商务主管部门法定权限内，并以所属商务主管部门名义实施行政处罚。受委托组织应当在委托范围内，以委托商务主管部门名义实施行政处罚；不得再委托其他组织或个人实施行政处罚。

商务主管部门应当加强对内设机构和受委托组织实施行政处罚的监督，并对其行为后果承担法律责任。

第五条 商务主管部门执法人员（以下简称执法人员）开展现场检查、调查取证、当场作出处罚决定等活动时不得少于两人，并应当遵守本规定第二十二条有关回避规定，向当事人或有关人员出示执法证件。

第二章 管 辖

第六条 县级以上地方商务主管部门依照有关法律、法规、规章规定的职责分工，负责本行政区域行政处罚及相关工作。上下级商务主管部门均有权管辖的事项，以下级商务主管部门管辖为主。

商务部依法管辖由本部门实施行政处罚的案件及全国范围内发生的重大、复杂案件。

第七条 上级商务主管部门认为必要时，可将本部门有关日常监督检查及案件调查等工作，委托给下一级商务主管部门承担；也可根据下级商务主管部门的请求，处理下级商务主管部门管辖的案件。

下级商务主管部门认为应当由其管辖的案件属重大、疑难案件，或者由于特殊原因难以自行办理的，可以依法报请上一级商务主管部门管辖或者指定管辖。

第八条 商务行政处罚由违法行为发生地的县级以上地方人民政府具有行政处罚权的商务主管部门管辖，法律、行政法规另有规定的，从其规定。

对当事人的同一违法行为，两个以上商务主管部门都有管辖权的，由最先立案的商务主管部门管辖。

商务主管部门发现受理的案件不属于本部门管辖的，应当及时移送有管辖权的商务主管部门。受移送的商务主管部门有异议的，按本规定第九条处理，不得再自行移送。

第九条 两个以上商务主管部门因管辖权发生争议的，可协商解决，协商不成的，可以报请共同的上一级商务主管部门指定管辖。

第十条 商务主管部门办理跨行政区域案件需要其他商务主管部门协查的，可以发协查函。必要时，可以报请共同的上一级商务主管部门予以协调。

有关商务主管部门应当予以协助并及时书面告知协查结果。

第十一条 商务主管部门开展行政处罚需要其他行政机关配合或者涉及其他行政机关执法权限的，应主动加强与其联系，探索开展联合执法或者建立执法协作机制。

商务主管部门发现受理的案件属于其他行政机关管辖的，应当依法移送其他有关机关；发现违法行为涉嫌犯罪的，应当依照有关规定将案件及时移送司法机关。

第三章　监督检查

第十二条　县级以上地方商务主管部门通过接收举报投诉、现场检查等方式，对公民、法人或其他组织在商务活动中是否遵守法律、法规、规章情况进行监督检查。

商务主管部门实施监督检查，不得妨碍公民、法人或其他组织正常的生产经营活动，不得借机索取或者收受财物，不得谋取其他利益。

第十三条　商务主管部门通过公布12312举报投诉热线、开通在线举报投诉窗口、接待来信来访等方式，健全举报投诉服务网络，完善举报投诉工作机制，面向社会接收、办理举报投诉。

对接收的举报投诉，商务主管部门应当制作《商务行政执法举报投诉记录》，并依照本规定第二十条规定方式处理。举报人要求保密的，应当采取保密措施。

第十四条　在符合以下条件的情况下，执法人员可进入有关经营场所实施现场检查：

（一）因开展日常检查、专项检查、抽查、案件调查等，确有必要实施现场检查；

（二）有关法律、法规规定可以实施现场检查；

（三）有明确具体的检查对象和检查内容；

（四）检查内容属于商务行政执法范畴。

执法人员实施现场检查，应当经商务主管部门或者执法机构负责人事先批准。情况紧急来不及报批的，应当在事后及时补办手续。

第十五条 执法人员实施现场检查时，可以根据有关法律、法规规定及具体情况行使下列职权：

（一）听取被检查人根据检查内容介绍有关情况；

（二）查验被检查人有关许可证、资格证或备案登记情况；

（三）查阅、复制被检查人有关记录、票据及其他材料；

（四）询问有关人员；

（五）为案件调查而实施现场检查的，依照本规定第四章有关规定进行调查取证。

必须对自然人的人身或者住所进行检查的，应当依法提请公安机关执行，商务主管部门予以配合。执法人员应当为被检查人保守商业秘密。

第十六条 在现场检查中发现违法事实的，执法人员应当按照本规定第二十条予以处理。情节显著轻微的，可以只提出口头警告，责令被检查人立即改正。

有下列情形之一，有关法律、法规明确规定可以采取查封、扣押措施的，执法人员可以依法查封涉嫌违法的场所、设施，查封、扣押涉嫌违法的财物：

（一）发现违禁物品；

（二）需要立即制止违法行为；

（三）防止证据损毁；

（四）防止当事人转移涉嫌违法财物；

（五）防止发生损害或扩大损害后果；

（六）法律、法规规定的其他情形。

采取查封、扣押措施，应当经商务主管部门负责人批准；

对重大案件或者数额较大的财物需要采取查封、扣押措施的，应由负责人集体讨论决定。已被其他国家机关依法查封的，不得重复查封。

第十七条 采取查封、扣押措施，执法人员应当场清点财物，向被检查人出具《商务行政执法查封（扣押）通知书》及财物清单，告知其享有申请行政复议和提起行政诉讼的权利。

对查封的财物，商务主管部门可以指定当事人或者委托第三人保管，当事人或者第三人不得损毁或者转移。对扣押的财物，商务主管部门应当妥善保管，严禁动用、调换或者损毁。对容易腐烂、变质的物品，法律、法规规定可以直接先行处理，或者当事人同意先行处理的，经商务主管部门负责人批准，在采取相关措施留存证据后可以先行拍卖或者以市价变卖，依法处理拍卖或变卖所得。

第十八条 商务主管部门采取查封、扣押措施后，应当及时查清事实，在30日内根据不同情况作出以下处理决定：

（一）对违法事实清楚，依法应当予以没收的非法财物，予以没收，法律、行政法规规定应当销毁的，依法销毁；

（二）对没有违法行为或者不再需要采取查封、扣押措施的，应当立即解除查封、扣押措施，送达《解除查封扣押通知书》，将查封、扣押财物或者拍卖、变卖所得及时返还。

商务主管部门30日内未作出决定的，经商务主管部门负责人批准，可以延长30日。逾期仍未作出决定的，查封、扣押措施自动解除。当事人要求退还被扣押财物的，应当立即退还。

第十九条 现场检查结束时，执法人员应当根据情况制作《商务行政执法现场检查笔录》，全面反映现场检查内容、检查过程、检查结果和处理意见等。必要时，可以采取拍照、录像等方式记录现场检查情况。

笔录经核对无误后，执法人员和被检查人应当签名、盖章或以其他方式确认。被检查人对笔录有异议的，可在笔录上注明理由并签名；被检查人拒绝签名的，两名执法人员在笔录上注明情况并签名。

第四章　立案与调查

第二十条　商务主管部门在现场检查中发现违法事实，接到社会举报投诉，收到其他商务主管部门或有关部门移送的案件后，应当在7日内按以下方式处理，并将处理情况告知有关方面：

（一）不属于本部门管辖的，移送有权机关处理；

（二）情况不属实或者不符合第二十一条规定条件的，不予立案；

（三）违法事实确凿，符合本规定第三十条规定条件的，适用简易程序处理；

（四）符合第二十一条规定条件的，予以立案；特殊情况下，可以延长至15日内决定立案。

上级商务主管部门指定管辖的案件，按前款（二）（三）（四）项处理。

第二十一条　对于符合以下条件的案件，商务主管部门应当立案：

（一）有明确的违法行为人或危害后果，可能需要给予行政处罚；

（二）有来源可靠的事实根据；

（三）属于商务行政处罚的范围；

（四）属于本部门管辖。

立案应当填写《商务行政处罚立案审批表》，附上相关材料（现场检查获取材料、举报投诉材料或案件移送材料等），由商务主管部门负责人批准，并确定两名以上执法人员为承办人，负责案件调查、初步审理等工作。

第二十二条 案件承办人员和其他参与办案人员有下列情形之一的，应当自行回避，当事人也有权申请其回避：

（一）是本案的当事人或其近亲属；

（二）本人或其近亲属与本案有利害关系；

（三）与本案当事人有其他关系，可能影响案件公正处理的。

回避由受理案件的商务主管部门负责人决定，负责人的回避由其他负责人集体研究决定。回避未决定前，被申请回避人员不得擅自停止对案件的调查处理。

第二十三条 除可以当场作出的行政处罚外，案件承办人员应当及时、全面、客观、公正地调查收集与案件有关的证据，查明事实。必要时可依照本规定第三章有关规定进行现场检查。

证据包括以下几种：

（一）书证；

（二）物证；

（三）视听材料；

（四）证人证言；

（五）当事人陈述；

（六）鉴定结论；

（七）勘验笔录、现场检查笔录；

（八）其他法律法规认可的证据。

以上证据，应当符合有关法律、法规、规章关于证据的规定，并经查证属实，才能作为认定事实的依据。

第二十四条 案件承办人员可以询问当事人及证人。询问应个别进行，并制作《商务行政处罚询问笔录》。

询问笔录应当交被询问人核对；对阅读有困难的，应当向其宣读。询问笔录如有差错、遗漏，应当允许其更正或补充，并在更正或补充部分签名、盖章或以其他方式确认。经核对无误后，由被询问人在询问笔录上逐页签名、盖章或以其他方式确认。执法人员也应在询问笔录上签名。

案件承办人员可以要求当事人及证人提供证明材料或者与调查事项有关的其他材料，并由材料提供人在有关材料上签名或盖章。

第二十五条 案件承办人员应当收集、调取与案件有关的原始凭证或原始载体作为证据。

获取原始凭证或原始载体确有困难的，可以提取复制件、影印件或者抄录本，由证据提供人标明"经核对与原件无误"，注明日期与证据出处，并签名或盖章。

第二十六条 案件承办人员在收集证据时，可以采取抽样取证的方法；在证据可能灭失、损毁或者以后难以取得的情况下，可以根据情况采取记录、复制、拍照、录像等证据保全措施，或者经商务主管部门负责人批准，采取先行登记保存等措施。

对证据进行抽样取证，采取证据保全措施或者先行登记保存措施，应有当事人在场；当事人不在场或无正当理由拒绝到场的，可以请在场的其他人员见证并证明。

对抽样取证或者登记保存的物品应当开列清单，并依据情况分别制作《商务行政处罚抽样取证记录》或《商务行政处罚先行登记保存证据通知书》，标明物品名称、数量、单价等事项，由案件承办人员、当事人签名或盖章，交付当事人。当事人拒绝签名、盖章或者接收的，案件承办人员应注明情况并签名。

先行登记保存物品时，在原地保存可能妨害公共秩序或公共安全，或者有其他不宜原地保存情形的，可以异地保存。

第二十七条 对先行登记保存的证据，应当在 7 日内采取以下措施：

（一）需要鉴定的，依照本规定第二十八条规定进行鉴定；

（二）违法事实成立，依法应当予以没收的，作出行政处罚决定，没收违法物品；

（三）需要查封、扣押的，依本规定第十六条、第十七条、第十八条有关规定采取查封、扣押措施；

（四）违法事实不成立，或者违法事实成立但依法不应当予以查封、扣押或没收的，决定解除先行登记保存措施。

逾期未作出处理决定的，先行登记保存措施自动解除。

第二十八条 案件承办人员调查违法事实，需要对案件中专门事项进行鉴定的，应当出具载明委托鉴定事项及相关材料的《鉴定委托书》，委托具有法定鉴定资格的鉴定机构进行鉴定。

没有法定鉴定机构的，可以委托其他具备鉴定条件的机构鉴定。

鉴定结论应当由鉴定人员签名或盖章，加盖鉴定机构公章。

第二十九条 案件调查终结，或者商务主管部门认为应当终止调查的，按照以下方式处理：

（一）认为违法事实成立，应当予以行政处罚的，撰写《商务行政处罚案件调查终结报告》，提出行政处罚建议，连同案卷材料交由本部门案件核审机构核审；

（二）认为违法事实不成立，应当撤销案件的；或者违法行为轻微，没有造成危害后果或者危害后果较小，不予行政处罚的；或者应当移交其他行政机关或司法机关的，撰写《商务行政处罚案件调查终结报告》，说明拟作出处理的理由，连同案卷材料直接报商务主管部门负责人审批。

第五章 行政处罚的决定

第一节 简易程序

第三十条 对于违法事实确凿并有法定依据，符合下列情形之一的，执法人员可当场作出行政处罚决定：

（一）予以警告的行政处罚；

（二）对公民处以50元以下罚款的行政处罚；

（三）对法人或者其他组织处以1000元以下罚款的行政处罚。

第三十一条 适用简易程序当场查处违法行为，执法人员应当当场了解违法事实，制作现场检查、询问笔录，收集必要的证据。

在给予行政处罚前，应当口头告知当事人拟作出行政处罚决定的事实、理由、依据及处罚内容，告知当事人依法享有陈述和申辩权，并当场听取当事人的陈述和申辩。

当事人提出的事实、理由或者证据成立的，应当采纳；不采纳的应当说明理由。

第三十二条 适用简易程序当场给予行政处罚，应当由两名以上执法人员共同决定，并填写预定格式、编有号码的《商务行政处罚当场处罚决定书》，由执法人员签名或盖章后当场交付当事人。

处罚决定书中，应责令当事人改正或限期改正违法行为。

执法人员应在7日内将当场处罚情况报所属商务主管部门备案。

第二节 一般程序

第三十三条 按本规定第二十九条规定报请核审的案件，由商务主管部门法制机构或者其他机构核审。

核审机构主要从以下方面进行核审：

（一）本部门对所办案件是否具有管辖权；

（二）当事人基本情况是否清楚；

（三）案件事实是否清楚，证据是否充分；

（四）定性是否准确；

（五）适用法律是否正确；

（六）程序是否合法；

（七）处罚建议是否适当。

第三十四条 核审机构对案件进行核审后，视情况提出以下书面意见和建议：

（一）对事实清楚、证据确凿、适用依据正确、定性准确、处罚适当、程序合法的案件，同意调查处理意见，建议告知当事人后报本部门负责人批准；

（二）对事实清楚、证据确凿，但定性不准、适用依据错误、处罚不当的案件，建议进行相应修改；

（三）对事实不清、证据不足的案件，建议补充调查；

（四）对程序不合法的案件，提出纠正意见；

（五）对违法事实不成立或者已超过追责期限的案件，建议撤销案件；

（六）对违法事实轻微并及时纠正，没有造成危害后果的，建议不予行政处罚；

（七）对超出管辖权的案件，建议按有关规定移送；

（八）对涉嫌犯罪的案件，建议移送司法机关。

核审机构核审完毕，应当及时退卷。案件承办人员应当根据核审情况，填写《商务行政处罚案件处理审批表》，连同案卷材料报商务主管部门负责人审查决定。

第三十五条 核审机构同意给予行政处罚的案件，案件承办人员在报商务主管部门负责人审批前，应当填写《商务行政处罚告知书》，告知当事人拟作出行政处罚决定的事实、理由、依据、处罚内容，以及当事人享有的陈述权、申辩权或听证权。

自商务主管部门告知之日起 3 日内，当事人未进行陈述、申辩的，视为放弃陈述权、申辩权。

案件承办人员应当充分听取当事人陈述和申辩，制作《商务行政处罚当事人陈述和申辩笔录》。对当事人提出的事实、理由和证据，应当进行复核；相关事实、理由或者证据成立的，应当依法予以采纳。不得因当事人的陈述、申辩、申请听证而加重行政处罚。

第三十六条 商务主管部门负责人应当对案件有关材料进行全面审查，根据不同情况，分别作出下列处理决定：

（一）违法事实清楚、证据确凿应予处罚的，依法给予行政处罚；

（二）违法行为轻微，依法可以不予行政处罚的，不予行政处罚；

（三）违法事实不能成立或已过追责期限的，撤销案件；

（四）不属于本机关管辖的，移送有关机关处理；

（五）违法行为已构成犯罪的，移送司法机关。

第三十七条 对情节复杂或者重大违法行为给予下列行政处罚之一的，应由商务主管部门负责人集体讨论决定：

（一）责令停产停业的；

（二）暂扣、撤销或吊销有关许可证、资格证等的；

（三）对公民处以 5000 元以上罚款，对法人或其他组织处以 5 万元以上罚款的。

第三十八条 商务主管部门作出行政处罚决定的，应当制作《商务行政处罚决定书》，加盖本部门印章。

行政处罚决定书应载明以下事项：

（一）当事人的姓名或者名称、地址；

（二）违反法律、法规或规章的事实和证据；

（三）行政处罚的种类和依据；

（四）行政处罚的履行方式和期限；

（五）不服行政处罚决定的，申请行政复议或者提起行政诉讼的途径和期限；

（六）作出行政处罚决定的行政机关和作出决定的日期。

第三十九条 适用一般程序处理的案件，应当自立案之日起 90 日内作出处理决定，并将处理结果及时告知被调查人、指定管辖的上级商务主管部门、具名举报投诉人或移送机关。

案情复杂，不能在规定期限内作出处理决定的，经商务主管部门负责人批准，可以适当延长。

案件处理过程中听证、公告、鉴定等时间不计入案件办理期限。

第三节 听 证 程 序

第四十条 商务主管部门拟作出下列行政处罚之一的，应当在《商务行政处罚告知书》中，一并告知当事人有要求举行听证的权利，以及申请听证的有关事项及要求：

（一）责令停产停业的；

（二）暂扣、撤销或吊销许可证、资格证等的；

（三）对公民处以 5000 元以上罚款，对法人或其他组织处以 5 万元以上罚款的。

第四十一条 当事人要求听证的，应当在商务主管部门告知之日起 3 日内书面提交听证申请；逾期不提交的，视为放弃要求举行听证的权利。当事人不承担听证费用。

当事人要求听证并且符合本规定的，商务主管部门应当在收到当事人申请听证材料后 30 日内组织听证，并在举行听证的 7 日前，以《商务行政处罚案件听证通知书》的形式通知当事人举行听证的时间、地点、听证人员及有关事项。

当事人在规定时间内书面提交听证申请的，商务主管部门未依法举行听证前，不得作出行政处罚。

第四十二条 商务主管部门决定举行听证的，应在本部门非本案承办人员中，指定5人以下（含五人）单数为听证员，并指定1名从事法制工作的人员为听证主持人。听证员及听证主持人的回避按本规定第二十二条执行。

当事人可以亲自参加听证，也可以委托1至2人代理。委托代理人参加听证的，应当出具书面委托证明。无正当理由不按期参加听证的，或者在听证举行过程中，当事人或其代理人未经听证主持人许可，中途退出听证会的，视为放弃听证权利。

第四十三条 有下列情形之一的，听证主持人可以决定延期举行听证：

（一）当事人有正当理由未到场的；

（二）当事人提出回避申请理由成立，需要重新确定听证员或听证主持人的；

（三）需要通知新的证人到场，或者有新的事实需要重新调查核实的；

（四）其他需要延期的情形。

第四十四条 除涉及国家秘密、商业秘密或者个人隐私外，听证应当公开举行，允许旁听。

听证按照下列程序进行：

（一）听证主持人宣布和核对听证参加人身份，告知有关权利和义务，宣布案由和听证纪律，宣布听证会开始；

（二）案件承办人员提出当事人违法的事实、证据、拟作出处罚的意见和理由；

（三）当事人进行陈述和申辩，对有关证据进行质证；

（四）有第三人的，由第三人进行陈述；

（五）听证主持人询问有关人员；

（六）案件承办人员与当事人相互辩论；

（七）案件承办人员、当事人、第三人依次作最后陈述；

（八）听证主持人宣布听证结束。

第四十五条 听证应当制作《商务行政处罚案件听证笔录》。听证笔录由听证员、听证主持人以及听证参加人审核无误后签字或盖章。听证参加人拒绝签字或盖章的，由听证主持人在听证笔录中记明。

听证主持人应当依据听证情况作出书面报告，连同听证笔录一并报商务主管部门负责人。

商务主管部门应当根据听证笔录，依照第三十六条规定，作出决定。

第六章 送达与执行

第四十六条 行政处罚决定书作出后，商务主管部门应当当场交付当事人，或者在7日内，依照民事诉讼法的有关规定，送达当事人或其委托代理人。

商务主管部门送达其他文书，也可以依照以上方式送达。

第四十七条 行政处罚决定一经送达，即具有法律效力。当事人应当在处罚决定书确定的期限内履行行政处罚决定。

当事人申请复议或提起行政诉讼期间，行政处罚决定不停止执行，但此期间复议机关决定或人民法院裁定停止执行以及法律另有规定的除外。

第四十八条 依据本规定第五章第一节规定当场作出行政处罚决定，给予20元以下罚款，或者罚款数额超过20元，不当场收缴事后难以执行的，可以当场收缴罚款。

在边远、水上、交通不便地区，商务主管部门依照本程序规定作出处罚决定后，当事人向指定银行缴纳罚款确有困难的，经当事人提出，可以当场收缴罚款。

第四十九条 当场收缴罚款的，必须向当事人出具省级人民政府财政部门统一制发的罚款收据；不出具财政部门统一制发的罚款收据的，当事人有权拒绝缴纳罚款。

当场收缴的罚款，应当自收缴罚款之日起2日内交至商务主管部门，在水上当场收缴的罚款，应当自抵岸之日起2日内交至商务主管部门；商务主管部门应当在2日内将罚款缴付财政部门指定银行。

第五十条 除依照本规定第四十八条当场收缴的罚款外，商务主管部门及其执法人员不得自行收缴罚款，应由当事人在收到行政处罚决定书之日起15日内，到财政部门指定银行缴纳。

到期不缴纳罚款的，每日按罚款数额的百分之三加处罚款。超过30日后仍不缴纳罚款的，申请人民法院强制执行。

当事人确有经济困难，需要延期或分期缴纳罚款的，应当在行政处罚决定书规定的缴款日期前提出书面申请。批准延期或分期缴纳的，当事人应当在商务主管部门确定的期限内缴纳罚款，不得再次申请延期或分期缴纳。

第五十一条 当事人逾期不履行行政处罚决定的，作出行政处罚决定的商务主管部门依法强制执行或者申请人民法院强制执行。

申请人民法院强制执行前，可以向当事人发出要求其履行义务的书面催告。催告发出10日后当事人仍未履行的，申请人民法院强制执行。

第五十二条 行政处罚决定执行完毕的，案件承办人员应当填写《商务行政处罚结案报告》，报商务主管部门或执法机构负责人审批。批准结案的，应将有关案件材料进行整理装订，归档保存。

结案后，应及时将行政处罚决定书在商务主管部门网站上公布，供公众查询。涉及国家秘密、商业秘密和个人隐私的除外。

第七章 执法监督

第五十三条 商务主管部门实施行政处罚，应当依法接受上级行政机关或有关部门的监督。

商务主管部门应当建立健全对行政处罚的监督制度，发现行政处罚有错误的，应当主动改正。

第五十四条 执法人员有下列情形之一，尚不构成犯罪的，由其所属商务主管部门依法给予行政处分，并暂扣或收回执法证件；情节严重，构成犯罪的，依法追究刑事责任；给当事人造成损失的，所属商务主管部门应当依法给予赔偿：

（一）滥用职权，损害公民、法人及其他组织合法权益的；

（二）玩忽职守，不依法制止违法行为的；

（三）利用职权或工作之便索取或收受他人财物的；

（四）泄露执法中所知悉的当事人商业秘密的；

（五）伪造、篡改、隐匿或销毁证据的；

（六）违反规定自行收缴罚款的；

（七）违法处置罚没财物或者据为己有的；

（八）其他严重违反本规定程序的行为。

第五十五条 商务主管部门有下列情形之一的，上级商务主管部门或有关部门依法责令改正，可以对直接负责的主管人员和其他直接责任人员依法给予行政处分；情节严重构成犯罪的，依法追究刑事责任；对当事人造成损失的，应当依法予以赔偿：

（一）违反本规定第四条有关委托执法的规定的；

（二）无故拒绝协助其他商务主管部门办理跨行政区域案件的；

（三）违法采取查封、扣押措施的；

（四）使用或损毁扣押财物的；

（五）不依法使用罚款、没收财物单据的；

（六）截留、私分或者变相私分罚没财物的；

（七）没有法定依据实施行政处罚的；

（八）擅自改变行政处罚种类、幅度的；

（九）违反本规定程序给予行政处罚的；

（十）对涉嫌犯罪案件不及时移送，以行政处罚代替刑罚的；

（十一）其他严重违反本规定程序的行为。

第五十六条 对有违法或者不当行政执法行为的商务主管部门，上级行政机关或有关部门可以根据造成后果的严重程度或者影响的恶劣程度等具体情况，依法给予限期整改、通报批评、取消评比先进的资格等处理；对有关行政执法人员，可以根据过错形式、危害大小、情节轻重，按照干部管理权限，依法给予批评教育、离岗培训、调离执法岗位、取消执法资格等处理。

第五十七条 当事人对商务主管部门的行政处罚决定不服的，可以依法申请行政复议或者提起行政诉讼。

第八章 附 则

第五十八条 本规定所指日期均不包括期间开始之日，也不包括在途时间。期间届满的最后一日为法定节假日的，以节、假日后的第一日为期间届满之日。

第五十九条 本规定所涉及的有关执法文书由各地按本规定附件中的示范格式印制。有关文书制作规范视情况另行制定。

第六十条 本规定所称“以上”、“以内”均包含本数。

第六十一条 县级以上地方商务主管部门实施行政处罚，当地地方性法规或地方政府规章与本规定不一致的，从其规定。

商务部实施行政处罚，适用商务部相关规定。

第六十二条 本规定自2012年7月1日起施行。1998年10月15日国内贸易局发布的《生猪屠宰行政处罚程序规定》同时废止。

附件：商务行政执法文书示范格式（略）

中华人民共和国治安管理处罚法（节录）

（2005年8月28日第十届全国人民代表大会常务委员会第十七次会议通过　根据2012年10月26日第十一届全国人民代表大会常务委员会第二十九次会议《关于修改〈中华人民共和国治安管理处罚法〉的决定》修正）

……

第十七条　【共同违法行为的处罚】共同违反治安管理的，根据违反治安管理行为人在违反治安管理行为中所起的作用，分别处罚。

教唆、胁迫、诱骗他人违反治安管理的，按照其教唆、胁迫、诱骗的行为处罚。

第十八条　【单位违法行为的处罚】单位违反治安管理的，对其直接负责的主管人员和其他直接责任人员依照本法的规定处罚。其他法律、行政法规对同一行为规定给予单位处罚的，依照其规定处罚。

……

第二十条　【从重处罚的情形】违反治安管理有下列情形之一的，从重处罚：

（一）有较严重后果的；

（二）教唆、胁迫、诱骗他人违反治安管理的；

（三）对报案人、控告人、举报人、证人打击报复的；

（四）六个月内曾受过治安管理处罚的。

……

第二十三条　【对扰乱单位、公共场所、公共交通和选举秩序行为的处罚】有下列行为之一的，处警告或者二百元以下罚款；情节较重的，处五日以上十日以下拘留，可以并处五百元以下罚款：

（一）扰乱机关、团体、企业、事业单位秩序，致使工作、生产、营业、医疗、教学、科研不能正常进行，尚未造成严重损失的；

（二）扰乱车站、港口、码头、机场、商场、公园、展览馆或者其他公共场所秩序的；

（三）扰乱公共汽车、电车、火车、船舶、航空器或者其他公共交通工具上的秩序的；

（四）非法拦截或者强登、扒乘机动车、船舶、航空器以及其他交通工具，影响交通工具正常行驶的；

（五）破坏依法进行的选举秩序的。

聚众实施前款行为的，对首要分子处十日以上十五日以下拘留，可以并处一千元以下罚款。

第二十四条　【对扰乱文化、体育等大型群众性活动秩序行为的处罚】有下列行为之一，扰乱文化、体育等大型群众性活动秩序的，处警告或者二百元以下罚款；情节严重的，处五日以上十日以下拘留，可以并处五百元以下罚款：

（一）强行进入场内的；

（二）违反规定，在场内燃放烟花爆竹或者其他物品的；

（三）展示侮辱性标语、条幅等物品的；

（四）围攻裁判员、运动员或者其他工作人员的；

（五）向场内投掷杂物，不听制止的；

（六）扰乱大型群众性活动秩序的其他行为。

因扰乱体育比赛秩序被处以拘留处罚的，可以同时责令其十二个月内不得进入体育场馆观看同类比赛；违反规定进入体育场馆的，强行带离现场。

……

第二十六条　【对寻衅滋事行为的处罚】有下列行为之一的，处五日以上十日以下拘留，可以并处五百元以下罚款；情节较重的，处十日以上十五日以下拘留，可以并处一千元以下罚款：

（一）结伙斗殴的；

（二）追逐、拦截他人的；

（三）强拿硬要或者任意损毁、占用公私财物的；

（四）其他寻衅滋事行为。

……

中华人民共和国刑法（节录）*

（1979 年 7 月 1 日第五届全国人民代表大会第二次会议通过　1997 年 3 月 14 日第八届全国人民代表大会第五次会议修订　1997 年 3 月 14 日中华人民共和国主席令第 83 号公布　自 1997 年 10 月 1 日起施行）

……

第一百四十条　【生产、销售伪劣产品罪】生产者、销售者在产品中掺杂、掺假，以假充真，以次充好或者以不合格产品冒充合格产品，销售金额五万元以上不满二十万元的，处二

* 根据 1998 年 12 月 29 日第九届全国人民代表大会常务委员会第六次会议通过的《全国人民代表大会常务委员会关于惩治骗购外汇、逃汇和非法买卖外汇犯罪的决定》、1999 年 12 月 25 日第九届全国人民代表大会常务委员会第十三次会议通过的《中华人民共和国刑法修正案》、2001 年 8 月 31 日第九届全国人民代表大会常务委员会第二十三次会议通过的《中华人民共和国刑法修正案（二）》、2001 年 12 月 29 日第九届全国人民代表大会常务委员会第二十五次会议通过的《中华人民共和国刑法修正案（三）》、2002 年 12 月 28 日第九届全国人民代表大会常务委员会第三十一次会议通过的《中华人民共和国刑法修正案（四）》、2005 年 2 月 28 日第十届全国人民代表大会常务委员会第十四次会议通过的《中华人民共和国刑法修正案（五）》、2006 年 6 月 29 日第十届全国人民代表大会常务委员会第二十二次会议通过的《中华人民共和国刑法修正案（六）》、2009 年 2 月 28 日第十一届全国人民代表大会常务委员会第七次会议通过的《中华人民共和国刑法修正案（七）》、2009 年 8 月 27 日第十一届全国人民代表大会常务委员会第十次会议通过的《关于修改部分法律的决定》、2011 年 2 月 25 日第十一届全国人民代表大会常务委员会第十九次会议通过的《中华人民共和国刑法修正案（八）》、2015 年 8 月 29 日第十二届全国人民代表大会常务委员会第十六次会议通过的《中华人民共和国刑法修正案（九）》修订。

年以下有期徒刑或者拘役，并处或者单处销售金额百分之五十以上二倍以下罚金；销售金额二十万元以上不满五十万元的，处二年以上七年以下有期徒刑，并处销售金额百分之五十以上二倍以下罚金；销售金额五十万元以上不满二百万元的，处七年以上有期徒刑，并处销售金额百分之五十以上二倍以下罚金；销售金额二百万元以上的，处十五年有期徒刑或者无期徒刑，并处销售金额百分之五十以上二倍以下罚金或者没收财产。

第一百四十一条　【生产、销售假药罪】生产、销售假药的，处三年以下有期徒刑或者拘役，并处罚金；对人体健康造成严重危害或者有其他严重情节的，处三年以上十年以下有期徒刑，并处罚金；致人死亡或者有其他特别严重情节的，处十年以上有期徒刑、无期徒刑或者死刑，并处罚金或者没收财产。

本条所称假药，是指依照《中华人民共和国药品管理法》的规定属于假药和按假药处理的药品、非药品。

第一百四十二条　【生产、销售劣药罪】生产、销售劣药，对人体健康造成严重危害的，处三年以上十年以下有期徒刑，并处销售金额百分之五十以上二倍以下罚金；后果特别严重的，处十年以上有期徒刑或者无期徒刑，并处销售金额百分之五十以上二倍以下罚金或者没收财产。

本条所称劣药，是指依照《中华人民共和国药品管理法》的规定属于劣药的药品。

第一百四十三条　【生产、销售不符合安全标准的食品罪】生产、销售不符合食品安全标准的食品，足以造成严重食物中毒事故或者其他严重食源性疾病的，处三年以下有期徒刑或者拘役，并处罚金；对人体健康造成严重危害或者有其他严重情节的，处三年以上七年以下有期徒刑，并处罚金；后果特别严重的，处七年以上有期徒刑或者无期徒刑，并处罚金或者没收财产。

第一百四十四条　【生产、销售有毒、有害食品罪】在生产、销售的食品中掺入有毒、有害的非食品原料的，或者销售明知掺有有毒、有害的非食品原料的食品的，处五年以下有期徒刑，并处罚金；对人体健康造成严重危害或者有其他严重情节的，处五年以上十年以下有期徒刑，并处罚金；致人死亡或者有其他特别严重情节的，依照本法第一百四十一条的规定处罚。

第一百四十五条　【生产、销售不符合标准的医用器材罪】生产不符合保障人体健康的国家标准、行业标准的医疗器械、医用卫生材料，或者销售明知是不符合保障人体健康的国家标准、行业标准的医疗器械、医用卫生材料，足以严重危害人体健康的，处三年以下有期徒刑或者拘役，并处销售金额百分之五十以上二倍以下罚金；对人体健康造成严重危害的，处三年以上十年以下有期徒刑，并处销售金额百分之五十以上二倍以下罚金；后果特别严重的，处十年以上有期徒刑或者无期徒刑，并处销售金额百分之五十以上二倍以下罚金或者没收财产。

第一百四十六条　【生产、销售不符合安全标准的产品罪】生产不符合保障人身、财产安全的国家标准、行业标准的电器、压力容器、易燃易爆产品或者其他不符合保障人身、财产安全的国家标准、行业标准的产品，或者销售明知是以上不符合保障人身、财产安全的国家标准、行业标准的产品，造成严重后果的，处五年以下有期徒刑，并处销售金额百分之五十以上二倍以下罚金；后果特别严重的，处五年以上有期徒刑，并处销售金额百分之五十以上二倍以下罚金。

第一百四十七条 【生产、销售伪劣农药、兽药、化肥、种子罪】生产假农药、假兽药、假化肥，销售明知是假的或者失去使用效能的农药、兽药、化肥、种子，或者生产者、销售者以不合格的农药、兽药、化肥、种子冒充合格的农药、兽药、化肥、种子，使生产遭受较大损失的，处三年以下有期徒刑或者拘役，并处或者单处销售金额百分之五十以上二倍以下罚金；使生产遭受重大损失的，处三年以上七年以下有期徒刑，并处销售金额百分之五十以上二倍以下罚金；使生产遭受特别重大损失的，处七年以上有期徒刑或者无期徒刑，并处销售金额百分之五十以上二倍以下罚金或者没收财产。

第一百四十八条 【生产、销售不符合卫生标准的化妆品罪】生产不符合卫生标准的化妆品，或者销售明知是不符合卫生标准的化妆品，造成严重后果的，处三年以下有期徒刑或者拘役，并处或者单处销售金额百分之五十以上二倍以下罚金。

……

第一百五十三条 【走私普通货物、物品罪】走私本法第一百五十一条、第一百五十二条、第三百四十七条规定以外的货物、物品的，根据情节轻重，分别依照下列规定处罚：

（一）走私货物、物品偷逃应缴税额较大或者一年内曾因走私被给予二次行政处罚后又走私的，处三年以下有期徒刑或者拘役，并处偷逃应缴税额一倍以上五倍以下罚金。

（二）走私货物、物品偷逃应缴税额巨大或者有其他严重情节的，处三年以上十年以下有期徒刑，并处偷逃应缴税额一倍以上五倍以下罚金。

（三）走私货物、物品偷逃应缴税额特别巨大或者有其他特别严重情节的，处十年以上有期徒刑或者无期徒刑，并处偷逃应缴税额一倍以上五倍以下罚金或者没收财产。

单位犯前款罪的，对单位判处罚金，并对其直接负责的主管人员和其他直接责任人员，处三年以下有期徒刑或者拘役；情节严重的，处三年以上十年以下有期徒刑；情节特别严重的，处十年以上有期徒刑。

对多次走私未经处理的，按照累计走私货物、物品的偷逃应缴税额处罚。

……

第一百五十八条　【虚报注册资本罪】申请公司登记使用虚假证明文件或者采取其他欺诈手段虚报注册资本，欺骗公司登记主管部门，取得公司登记，虚报注册资本数额巨大、后果严重或者有其他严重情节的，处三年以下有期徒刑或者拘役，并处或者单处虚报注册资本金额百分之一以上百分之五以下罚金。

单位犯前款罪的，对单位判处罚金，并对其直接负责的主管人员和其他直接责任人员，处三年以下有期徒刑或者拘役。

……

第一百九十二条　【集资诈骗罪】以非法占有为目的，使用诈骗方法非法集资，数额较大的，处五年以下有期徒刑或者拘役，并处二万元以上二十万元以下罚金；数额巨大或者有其他严重情节的，处五年以上十年以下有期徒刑，并处五万元以上五十万元以下罚金；数额特别巨大或者有其他特别严重情节的，处十年以上有期徒刑或者无期徒刑，并处五万元以上五十万元以下罚金或者没收财产。

……

第二百零一条　【逃税罪】纳税人采取欺骗、隐瞒手段进行虚假纳税申报或者不申报，逃避缴纳税款数额较大并且占应纳税额百分之十以上的，处三年以下有期徒刑或者拘役，并处罚金；数额巨大并且占应纳税额百分之三十以上的，处三年以上七年以下有期徒刑，并处罚金。

扣缴义务人采取前款所列手段，不缴或者少缴已扣、已收税款，数额较大的，依照前款的规定处罚。

对多次实施前两款行为，未经处理的，按照累计数额计算。

有第一款行为，经税务机关依法下达追缴通知后，补缴应纳税款，缴纳滞纳金，已受行政处罚的，不予追究刑事责任；但是，五年内因逃避缴纳税款受过刑事处罚或者被税务机关给予二次以上行政处罚的除外。

……

第二百一十四条　【销售假冒注册商标的商品罪】销售明知是假冒注册商标的商品，销售金额数额较大的，处三年以下有期徒刑或者拘役，并处或者单处罚金；销售金额数额巨大的，处三年以上七年以下有期徒刑，并处罚金。

……

第二百一十八条　【销售侵权复制品罪】以营利为目的，

销售明知是本法第二百一十七条规定的侵权复制品，违法所得数额巨大的，处三年以下有期徒刑或者拘役，并处或者单处罚金。

……

第二百二十二条　【虚假广告罪】广告主、广告经营者、广告发布者违反国家规定，利用广告对商品或者服务作虚假宣传，情节严重的，处二年以下有期徒刑或者拘役，并处或者单处罚金。

……

第二百二十五条　【非法经营罪】违反国家规定，有下列非法经营行为之一，扰乱市场秩序，情节严重的，处五年以下有期徒刑或者拘役，并处或者单处违法所得一倍以上五倍以下罚金；情节特别严重的，处五年以上有期徒刑，并处违法所得一倍以上五倍以下罚金或者没收财产：

（一）未经许可经营法律、行政法规规定的专营、专卖物品或者其他限制买卖的物品的；

（二）买卖进出口许可证、进出口原产地证明以及其他法律、行政法规规定的经营许可证或者批准文件的；

（三）未经国家有关主管部门批准非法经营证券、期货、保险业务的，或者非法从事资金支付结算业务的；

（四）其他严重扰乱市场秩序的非法经营行为。

……

第二百三十八条　【非法拘禁罪】非法拘禁他人或者以其他方法非法剥夺他人人身自由的，处三年以下有期徒刑、拘役、管制或者剥夺政治权利。具有殴打、侮辱情节的，从重处罚。

犯前款罪，致人重伤的，处三年以上十年以下有期徒刑；致人死亡的，处十年以上有期徒刑。使用暴力致人伤残、死亡的，依照本法第二百三十四条、第二百三十二条的规定定罪处罚。

为索取债务非法扣押、拘禁他人的，依照前两款的规定处罚。

国家机关工作人员利用职权犯前三款罪的，依照前三款的规定从重处罚。

……

第二百六十六条　【诈骗罪】诈骗公私财物，数额较大的，处三年以下有期徒刑、拘役或者管制，并处或者单处罚金；数额巨大或者有其他严重情节的，处三年以上十年以下有期徒刑，并处罚金；数额特别巨大或者有其他特别严重情节的，处十年以上有期徒刑或者无期徒刑，并处罚金或者没收财产。本法另有规定的，依照规定。

……

第二百七十七条　【妨害公务罪】以暴力、威胁方法阻碍国家机关工作人员依法执行职务的，处三年以下有期徒刑、拘役、管制或者罚金。

以暴力、威胁方法阻碍全国人民代表大会和地方各级人民代表大会代表依法执行代表职务的，依照前款的规定处罚。

在自然灾害和突发事件中，以暴力、威胁方法阻碍红十字会工作人员依法履行职责的，依照第一款的规定处罚。

故意阻碍国家安全机关、公安机关依法执行国家安全工作任务，未使用暴力、威胁方法，造成严重后果的，依照第一款的规定处罚。

暴力袭击正在依法执行职务的人民警察的，依照第一款的规定从重处罚。

……

第三百条　【组织、利用会道门、邪教组织、利用迷信破坏法律实施罪】组织、利用会道门、邪教组织或者利用迷信破坏国家法律、行政法规实施的，处三年以上七年以下有期徒刑，并处罚金；情节特别严重的，处七年以上有期徒刑或者无期徒刑，并处罚金或者没收财产；情节较轻的，处三年以下有期徒刑、拘役、管制或者剥夺政治权利，并处或者单处罚金。

【组织、利用会道门、邪教组织、利用迷信致人重伤、死亡罪】组织、利用会道门、邪教组织或者利用迷信蒙骗他人，致人重伤、死亡的，依照前款的规定处罚。

犯第一款罪又有奸淫妇女、诈骗财物等犯罪行为的，依照数罪并罚的规定处罚。

……

第三百一十条　【窝藏、包庇罪】明知是犯罪的人而为其提供隐藏处所、财物，帮助其逃匿或者作假证明包庇的，处三年以下有期徒刑、拘役或者管制；情节严重的，处三年以上十年以下有期徒刑。

犯前款罪，事前通谋的，以共同犯罪论处。

……

第三百八十八条　【受贿罪】国家工作人员利用本人职权或者地位形成的便利条件，通过其他国家工作人员职务上的行为，为请托人谋取不正当利益，索取请托人财物或者收受请托人财物的，以受贿论处。

……

第三百八十九条　【行贿罪】为谋取不正当利益，给予国家工作人员以财物的，是行贿罪。

在经济往来中，违反国家规定，给予国家工作人员以财物，数额较大的，或者违反国家规定，给予国家工作人员以各种名义的回扣、手续费的，以行贿论处。

因被勒索给予国家工作人员以财物，没有获得不正当利益的，不是行贿。

……

第三百九十一条　【对单位行贿罪】为谋取不正当利益，给予国家机关、国有公司、企业、事业单位、人民团体以财物的，或者在经济往来中，违反国家规定，给予各种名义的回扣、手续费的，处三年以下有期徒刑或者拘役，并处罚金。

单位犯前款罪的，对单位判处罚金，并对其直接负责的主管人员和其他直接责任人员，依照前款的规定处罚。

……

第三百九十七条　【滥用职权罪】【玩忽职守罪】国家机关工作人员滥用职权或者玩忽职守，致使公共财产、国家和人民利益遭受重大损失的，处三年以下有期徒刑或者拘役；情节特别严重的，处三年以上七年以下有期徒刑。本法另有规定的，依照规定。

国家机关工作人员徇私舞弊，犯前款罪的，处五年以下有期徒刑或者拘役；情节特别严重的，处五年以上十年以下有期徒刑。本法另有规定的，依照规定。

……

第三百九十九条　【徇私枉法罪】司法工作人员徇私枉法、徇情枉法，对明知是无罪的人而使他受追诉、对明知是有罪的人而故意包庇不使他受追诉，或者在刑事审判活动中故意违背事实和法律作枉法裁判的，处五年以下有期徒刑或者拘役；情节严重的，处五年以上十年以下有期徒刑；情节特别严重的，处十年以上有期徒刑。

【民事、行政枉法裁判罪】在民事、行政审判活动中故意违背事实和法律作枉法裁判，情节严重的，处五年以下有期徒刑或者拘役；情节特别严重的，处五年以上十年以下有期徒刑。

【执行判决、裁定失职罪】【执行判决、裁定滥用职权罪】在执行判决、裁定活动中，严重不负责任或者滥用职权，不依法采取诉讼保全措施、不履行法定执行职责，或者违法采取诉讼保全措施、强制执行措施，致使当事人或者其他人的利益遭受重大损失的，处五年以下有期徒刑或者拘役；致使当事人或者其他人的利益遭受特别重大损失的，处五年以上十年以下有期徒刑。

司法工作人员收受贿赂，有前三款行为的，同时又构成本法第三百八十五条规定之罪的，依照处罚较重的规定定罪处罚。

……

第四百零二条　【徇私舞弊不移交刑事案件罪】行政执法人员徇私舞弊，对依法应当移交司法机关追究刑事责任的不移交，情节严重的，处三年以下有期徒刑或者拘役；造成严重后果的，处三年以上七年以下有期徒刑。

……

第四百一十七条　【帮助犯罪分子逃避处罚罪】有查禁犯罪活动职责的国家机关工作人员，向犯罪分子通风报信、提供便利，帮助犯罪分子逃避处罚的，处三年以下有期徒刑或者拘役；情节严重的，处三年以上十年以下有期徒刑。

……

图书在版编目（CIP）数据

直销及禁止传销法律手册 / 中国法制出版社编．—
北京：中国法制出版社，2017.5
ISBN 978－7－5093－8589－0

Ⅰ.①直…　Ⅱ.①中…　Ⅲ.①直销－销售管理－条例－汇编－中国－手册②传销－销售管理－条例－汇编－中国－手册　Ⅳ.①D922.294－62

中国版本图书馆CIP数据核字（2017）第127444号

责任编辑：欧　丹　　　　封面设计：杨泽江

直销及禁止传销法律手册
ZHIXIAO JI JINZHI CHUANXIAO FALÜ SHOUCE

经销/新华书店
印刷/三河市紫恒印装有限公司
开本/850毫米×1168毫米　32开　　　印张/10.25　字数/181千
版次/2017年6月第1版　　　2017年6月第1次印刷

中国法制出版社出版
书号ISBN 978－7－5093－8589－0　　　定价：35.00元

北京西单横二条2号　　　值班电话：66026508
邮政编码100031　　　传真：66031119
网址：http：//www.zgfzs.com　　　**编辑部电话：66066621**
市场营销部电话：66033393　　　**邮购部电话：66033288**

（如有印装质量问题，请与本社编务印务管理部联系调换。电话：010－66032926）